5 octobre 2019

LE DERNIER ROI SOLEIL

Sophie des Déserts

Le dernier roi soleil

Fayard / Grasset

La citation de la page 9 est
issue de *C'était bien*, Gallimard, 2003.

Couverture : Ô Majuscule
ISBN : 978-2-213-71149-2
© Fayard / Grasset, 2018.
Dépôt légal : novembre 2018

À Zak,
À Louise, Joseph, à leur petit frère.

« Ne vous laissez pas abuser. Souvenez-vous de vous méfier. Et même de l'évidence : elle passe son temps à changer.

Ne mettez trop haut ni les gens ni les choses. Ne les mettez pas trop bas. Non, ne les mettez pas trop bas. Montez.

Renoncez à la haine : elle fait plus de mal à ceux qui l'éprouvent qu'à ceux qui en sont l'objet. Ne cherchez pas à être sage à tout prix. La folie aussi est une sagesse. Et la sagesse, une folie. Fuyez les préceptes et les donneurs de leçons. Jetez ce livre. Faites ce que vous voulez. Et ce que vous pouvez. Pleurez quand il le faut. Riez. J'ai beaucoup ri. J'ai ri du monde et des autres et de moi.

Rien n'est très important. Tout est tragique. Tout ce que nous aimons mourra. Et je mourrai moi aussi. La vie est belle. »

Jean d'Ormesson

La voix ne dansait plus ce jeudi d'automne. D'habitude, elle virevoltait dans le téléphone, elle jouait des tours, fredonnait en anglais, lançait des « Bonjour Sophie » affectueux et rieurs, livrait les nouvelles – bonnes, toujours –, appétit retrouvé, furieuse envie de ski ou de mer, joie de déjeuner avec un tel, et pourquoi pas, d'ailleurs, trouver un moment pour se voir. C'était bref comme un éclat de soleil matinal. On prenait date. Il raccrochait vite, parfois sans égards, tellement pressé de composer d'autres numéros. Au saut du lit, comme ça, après un grand bol d'Ovomaltine et les tartines beurrées d'Olivier, son fidèle majordome, Jean d'Ormesson remplissait son carnet de bal. Venez vieux amis, grands esprits de l'Académie et d'ailleurs, Marc Fumaroli, Pierre Nora, Jacques Julliard;

venez aussi politiques, acteurs, journalistes, Sarkozy, Luchini, Delahousse, venez vite, jolies femmes croisées au hasard de la gloire, à la télé, à la radio, dans une conférence ou un salon du livre. Jean d'Ormesson conviait ainsi le Tout-Paris, méthodique et vorace dans son peignoir blanc. Puis il se mettait à l'écriture, le stylo obstinément levé vers la droite, en quête de hauteur.

Ce jeudi 30 novembre 2017, il y a de la brume dans la voix. « Pouvez-vous passer ? » murmure-t-il, et je comprends qu'il ne faut pas tergiverser. À la tombée de la nuit, le bus 43 me cueille en bas du bureau, direction Saint-James, presque au bout de Neuilly-sur-Seine, après le pont où le métro s'arrête et les commerces se dispersent. On longe la lisière du bois de Boulogne, l'air est humide, l'horizon respire, ça sent la bruyère et les marronniers. Immeubles à terrasses et villas cohabitent en silence. Rien n'a changé ou presque depuis Proust, hormis les caméras de surveillance et les 4×4 Porsche, qui paradent en double file devant l'unique boulangerie du coin. Ici prospèrent les grandes fortunes, celles des Wildenstein et des Bettencourt, celles de la finance, du Golfe et du show-business. Un autre monde, bien mis du dehors, sans bruits, sans vie. Je connais bien cet endroit où l'adolescence a été pour moi si cruelle. « C'est triste à pleurer », m'a souvent dit Jean d'Ormesson, toujours enclin à suivre ses interlocuteurs. Un demi-siècle pourtant qu'il s'est établi là, dans un passage privé donnant sur le parc Saint-James. Un digicode en protège l'accès. La bise est glacée, seules quelques lumières derrière les grilles, une fumée de cheminée, belles maisons calfeutrées. Celle de l'écrivain paraît assoupie, volets fermés, massive. On sonne au portail, quelques pas dans l'allée aux délicats cyclamens. Olivier a fini son service. C'est « Monsieur » qui ouvre la porte, bras ouverts devant le buste de Michel Lepeletier, marquis de Saint-Fargeau, l'aïeul totémique, transgressif, régicide, ami de Murat et Robespierre qu'il évoque, d'ouvrages en interviews, comme un miroir de lui-même. Ce soir, exceptionnellement, pas d'anecdotes. Jean d'Ormesson est là, tout doux dans son cashmere bordeaux assorti à ses mocassins en daim. Il s'est parfumé à la lavande de Caron. Il a son bon sourire, et ce nez de sorcier tordu, cabossé, taché de soleil qui, par miracle, accentue son charme. Tiens, pour une fois, il porte des chaussettes. L'œil est moins bleu et les doigts, noueux comme des sarments, s'agrippent à mon épaule : « Venez, j'ai des choses à vous dire. »

On a nos habitudes, à force de se voir une, deux fois par mois, parfois plus, depuis presque trois années. Je l'ai vite appelé par son prénom. Jean d'O, c'est son nom de scène, génial, lesté du côté aristocrate, un peu coquin comme l'*Histoire d'O* de Pauline Réage, évident comme une marque. Les Français de tous âges en raffolent, ses proches ne l'utilisent jamais. Jeannot, disent les intimes. On n'en est pas là.

L'idée d'un livre a germé au fil des rencontres. D'abord, il s'est carapaté. Pirouette, comme souvent, avec une citation de Cioran tirée de *Syllogismes de l'amertume* : « Il est incroyable que la perspective d'avoir un biographe n'ait jamais fait renoncer personne à avoir une vie. » Il faisait mine de gémir, lèvres gourmandes, billes azur jaugeant le désir de la journaliste. « Mon Dieu, quelle horreur… Moi qui me suis appliqué, toute ma vie, à ne rien dévoiler. » J'avouais comprendre sa décision, et même en être soulagée : que dire finalement d'un homme qui, dans ses livres, depuis le tout premier, dans les journaux, sur les ondes, passe son temps à se raconter ? À quoi bon sonder Jean le bienheureux ? Quelle vérité chercher sous le masque ? Nous en restions là. C'est lui qui a ressurgi au printemps 2015, lutin joyeux au téléphone : « J'ai réfléchi. Allons-y, Sophie, nous verrons bien… » L'air de rien, à quatre-vingt-dix ans passés, il songeait à la postérité. Bien sûr, il n'en disait rien, c'eût été vil et triste. Il faisait l'éternel jeune homme. Nous esquivions l'horizon. Je lui proposais un pacte sans engagement : se voir, discuter, carnet en main, pouvoir tout arrêter si l'un ou l'autre en avait assez. Sa liberté, qu'il place au-dessus de tout, serait préservée. La mienne aussi. Un livre naîtrait ou pas, nous n'en parlions quasiment jamais.

La maison d'Ormesson m'effrayait un peu au début, avec toutes ces pièces sombres, les pas mystérieux au premier étage, ces tissus chargés de soie et de chintz, ces bibelots d'ivoire, ces tableaux d'aristocrates et de canards égorgés. Elle m'est devenue familière. J'aime retrouver ce cocon silencieux où Jean d'O ralentit le cours du temps, sans montre, sans portable. Il vous oblige à décélérer. Je le suis dans le petit salon où il travaille au calme, sous l'œil attentif de sa grand-mère maternelle, immortalisée, col serré, à la gouache. BFM crache sans son les nouvelles du jour. Il enjambe des piles de journaux et de livres, pousse un pot-pourri, une boîte de chocolats, les épreuves de son prochain livre, « une sorte de BD sans images », m'a-t-il glissé quelques mois plus tôt, une grande fresque historique de l'Antiquité à nos jours. L'écrivain ne s'appesantit jamais sur son œuvre, par orgueil sans doute, ou par humilité, la même chose au fond. Il s'assied dans le vieux sofa en kilim, aplati par un demi-siècle d'écriture ; le tapis aussi est usé, Jean d'O le frotte avec ses pieds quand il cherche les mots. « Tenez, prenez ça », me dit-il, comme s'il servait le thé. Ce sont trois feuilles volantes arrachées d'un bloc où il a jeté, à l'encre noire, ses mots d'adieu pour Pascaline, la sœur de sa femme, morte brutalement, quinze jours plus tôt. C'était un dimanche matin ; il m'avait appelée de l'hôpital, voix blanche. Je déchiffre les boucles qui grimpent toujours, mais un peu moins haut : « Son père l'aimait, ses sœurs l'aimaient. Sa beauté, son charme, son élégance un peu mélancolique, son goût de la vie teinté d'une ombre de pessimisme, tous les cœurs derrière elle... Je ne marcherai plus avec elle sous les roses », écrit-il, avant de raturer un passage sur la culpabilité. Je l'observe dans la pénombre, il a le visage tordu de chagrin. « Je n'en reviens toujours pas », souffle-t-il. Il ne veut pas reprendre ses brouillons qu'il a lus lors de la messe d'enterrement à Sainte-Clotilde. Il tient à ce que je les emporte : « Gardez-les comme un souvenir. » Il a aussi rassemblé dans une enveloppe en kraft les lettres d'admirateurs reçues ces dernières semaines. J'en tire quelques-unes, des mots d'amour, des remerciements de vieilles dames, des écritures rondes d'adolescents. Il fait signe qu'il vaut mieux refermer : « Emportez ça, dit-il, je n'en peux plus, tout ce courrier, c'est assommant. » Ce soir, Jean d'O s'allège. Il ne fait pas la conversation, il ne tourne pas autour du pot. Son œil fixe la photo encadrée sur le guéridon : lui à six ans, en aube, croix autour du cou, frange sage et peau de lait, on dirait une communiante. Jusqu'ici, avec moi, il n'avait jamais prêté attention aux images du passé. On parle de Dieu auquel il voudrait croire, on parle de tous ses amis-écrivains oubliés, François Nourissier, Hector Bianciotti, Michel Mohrt, tant d'êtres chers privés d'éternité. Soudain, sans raison, il énumère les femmes qu'il a réellement aimées. Trois, compte-t-il, bien peu au regard de toutes celles qu'il a courtisées. Je le taquine, d'habitude il en aurait rajouté. Son regard se voile. Il me confie qu'il a choisi le titre de son prochain roman, encore un vers d'Aragon comme pour nombre de ses ouvrages. Il s'approche, laisse passer quelques secondes, souffle : « Et moi je vis toujours. » Je proteste. Mais enfin, il est là, en pleine forme, parmi nous ! Quel titre étrange. Jean sourit tristement. L'heure du dîner approche, Françoise, sa femme, risque de s'impatienter, note-t-il à voix basse. Il bondit du canapé, dit qu'il rêve d'aller manger des travers de porc au caramel.

LE DERNIER ROI SOLEIL

C'est entendu, nous irons avant Noël, il a un restaurant en tête.

Il m'aide à enfiler mon manteau, ouvre la porte, de gros flocons tombent du ciel. Sa main frêle s'agite dans le vent : « À bientôt mon enfant ! » Cinq jours après, son cœur lâchait. Jamais nous ne nous reverrons.

« Voudriez-vous quelques gouttes de Worcester sauce ? » Printemps 2015, premier déjeuner, Jean d'O fait le service sur la petite console posée dans un coin du salon, près des rideaux ocre. Il sort de l'enfer, trois ans à batailler contre le cancer, chimiothérapie, corps empoisonné, ses proches l'ont vu partir, lui aussi. Il ne me parle de rien. J'apprendrai bien plus tard qu'il a simplement murmuré « c'est honteux », quand un médecin lui a appris sa maladie. Depuis, il fait comme si elle n'existait pas. Dans son éternelle chemise « bleu Lanvin » achetée en série chez Hilditch & Key, il pétille comme s'il avait vingt ans. Devant lui, large choix : whisky, gin, porto mais il ne prend pas d'alcool, jamais le midi, un verre de cheval-blanc à la rigueur quand Alain Minc et Bruno Roger, le président de la banque Lazard, viennent dîner, un petit bloody mary parfois les soirs de fête. Sinon, c'est jus de carottes, le secret sans doute de sa bonne mine et de sa belle humeur. Ensemble, nous en boirons des dizaines, en guise d'apéritif, picorant les banalités d'usage – dernières lectures, potins du monde politico-médiatique. Tout l'amuse : la débandade hollandaise, l'ascension de la fusée Macron, la réconciliation de Villepin et Sarkozy, grâce à leurs riches amis qataris, les amours de Léa Salamé et celles de Charlotte de Monaco, à qui il a donné jadis quelques conseils littéraires, pour faire plaisir à sa mère. Il butine d'un sujet à l'autre, ponctue la conversation, sans y croire, de « stupéfiant ! » à la chaîne, « comme tout cela est drôle ».

Le jus est savoureux, frais pressé, mis en carafe par le fidèle Olivier, qui le dépose d'une main agile, gantée de blanc. Rite immuable, le petit homme brun, visage impassible, referme doucement la porte et s'en retourne en cuisine. Jean d'O attend qu'il s'éloigne : « Olivier entend tout ! » chuchote-t-il avant de reprendre. « Vous allez avoir du mal à retracer ma vie vous savez, j'ai passé mon temps à louvoyer, j'ai beaucoup menti aussi… » Il touille la Worcester, trempe ses lèvres, grignote quelques biscuits secs. Puis Olivier réapparaît et s'incline, voix solennelle : « Monsieur est servi ! » La première fois, j'ai réprimé un sourire et failli renverser mon verre sur la moquette beige. Plus tard, je demanderai à Jean d'O s'il tient à ce rite d'un autre siècle, lui l'idole des jeunes, si cool, provoc même, toujours à prescrire du bonheur simple, « baise », mer et soleil, comme s'il vivait dans une paillotte du Club Med. « Oui… tout cela est un peu ridicule », concède-t-il, petite moue trompeuse, avant de charger son épouse.

Françoise ne saurait le contredire. Elle est invisible, tout juste entend-on, quelquefois, ses pas au premier étage, des marmonnements dans la cuisine. Madame donne ses directives, établit les menus du jour, laisse de quoi faire le marché, puis s'éclipse. Cette femme m'intrigue. Des mois plus tard, je la croiserai dans le vestibule. Pas un regard, elle me toise, silhouette de fer haute couture, mandibule serrée, cheveux de jais, digne comme une veuve de Mérimée. Mes timides « Bonjour madame » s'écraseront longtemps sur le marbre, sous l'œil fuyant de son époux. Il charrie toujours un peu avec « Françoise », en réalité, c'est lui qui tient à son « Monsieur est servi ! ». Il apprécie qu'Olivier s'incline même s'il le considère comme un « membre de la famille », s'il ne lui cache rien ou presque de son intimité, s'il ne lui vient pas à l'idée, me confie-t-il un soir, de mourir sans qu'il soit à son chevet. « Dans nos familles, c'est ainsi. » Silence, flamme malicieuse à l'orée des pupilles : « Tiens, les domestiques, ça aurait fait un bon thème de roman… » C'est vrai. Mais dans ses livres, comme dans la vie, l'écrivain ne sort jamais de sa classe.

Olivier Cadot avait vingt ans quand il est entré à son service, en 1981. Le talentueux cuisinier, orfèvre en mets sucrés, est vite devenu l'homme de la maison puisque Jean d'O ne s'embarrasse d'aucun tracas matériel.

« Je ne sais rien faire. Même pas changer une ampoule », jubile-t-il. Olivier opine, sourire entendu mais loyal *ad vitam aeternam*, comme le noble intendant de *Downton Abbey*. Un jour, en tête à tête, il confesse l'ampleur de sa tâche : Monsieur plane, il n'imagine pas mettre une pièce dans un parcmètre, faire griller une tranche de pain, ouvrir un pot de confiture, ni même faire chauffer une casserole. Quand on n'est pas à son chevet au réveil, il faut laisser du lait tiédi dans un Thermos, sinon Monsieur se passe de petit déjeuner. S'il n'a pas ses plats tout préparés le week-end, des potages onctueux, une compote pommes-poires, un hachis Parmentier, il peut rester deux jours sans s'alimenter. « Un sacré phénomène, un enfant », s'émeut Olivier. En somme, Jean d'O ne fait rien dans la maison, sinon assaisonner le jus de carottes.

C'est le breuvage que lui donnait au biberon, puis à la cuillère, Marie, sa mère, son amour, sa sainte, le prénom de presque toutes les femmes de ses livres. La comtesse d'Ormesson, née Anisson du Perron, s'est fait du souci pour ce bébé venu au monde à Paris, le 16 juin 1925. Jean ne tolère pas le lait, ni au sein, ni en poudre. Alors on le nourrit au jus de carottes. Dieu que sa constitution est fragile comparée à celle d'Henry, son aîné de cinq ans. « Il a fallu m'élever comme une petite chose en péril », écrira Jean d'O. La mère est en adoration devant cet enfant qui lui ressemble, avec ses yeux clairs, ses pattes courtes et ce même nez, un peu fort, qu'une chute à vélo, vers l'âge de dix ans, mettra de travers. Il est agité, le médecin conseille toujours du repos.

D'André Lefèvre d'Ormesson, son père diplomate, Jean a pris les allergies, pas le naturel équanime. Les parents, alliance de deux noblesses, n'ont pas fait un mariage d'amour, mais leur foyer est paisible. On se respecte, on communie, on reçoit. Les fils poussent en ambassade, choyés par une brigade de domestiques, cuisinière, précepteur, chauffeur, valet de pied, au gré des nominations paternelles. C'est Munich d'abord, de 1925 à 1933, où André, attaché puis ministre plénipotentiaire, ressent au quotidien la rancune de l'Allemagne vaincue et l'inexorable montée de l'antisémitisme. « Mon père recevait des lettres d'insulte et des photos de lui avec les yeux crevés parce qu'il avait accordé des visas aux juifs », rappellera souvent son fils. Pas de traces de ces menaces dans les archives du Quai d'Orsay, mais les notes du diplomate, précises, nombreuses, décrivent, jour après jour, l'inquiétant climat de l'entre-deux-guerres. Il évoque les attaques contre Aristide Briand, le « perfectionnement des gaz asphyxiants », les « fascistes en chemise brune », ces hommes de science et ces artistes, comme le chef d'orchestre de l'Opéra de Munich, obligés de « fuir pour échapper à la haine antisémite ». André d'Ormesson donne à Jean la seule gifle de son existence, après l'avoir surpris, sur le balcon, en train d'applaudir la foule en liesse qui agitait des drapeaux rouges à croix gammée. L'enfant ne comprend pas. À l'époque, il aime tous les spectacles et passe son temps à asticoter son frère qui le surnomme « le moustique ».

La famille d'Ormesson quitte Munich en 1933, au moment de l'accession d'Hitler au pouvoir, pour s'installer à la délégation française de Bucarest. Jean se régale des promenades en forêt, le long des lacs, des virées en traîneau sous la neige à jeter des petits bouts de viande pour les loups, de son premier voyage à Venise en *Orient-Express*. Et puis il y a Lala, la nounou aux « seins gigantesques ». Les yeux se ferment, on dirait qu'il se love encore tout contre elle. Lala, injustement renvoyée. « Elle met du rouge sur ses lèvres et sur ses ongles ! » s'indigne l'austère Marie d'Ormesson. Elle qui n'est ni jolie, ni coquette se méfie toujours des femmes. Gare à celles qui s'approchent trop près du chérubin. La belle vie continue à Rio de Janeiro, où André est envoyé en mai 1936 avec, enfin, un rang d'ambassadeur. Il est nommé par le ministre des Affaires étrangères, Albert Sarraut, et non par Léon Blum, comme le prétendra toujours son fils cadet, par souci sans doute d'ajouter une touche de rose social dans le sang bleu.

Droit, croyant, intègre, André trace sa voie au Quai d'Orsay, poussé mais aussi un peu écrasé par un autre d'Ormesson : Wladimir.

Ce frère, de neuf ans son cadet, prend toute la lumière. Il a une allure folle, un glorieux passé de combattant en 1917, à l'ombre du ministre Lyautey, son mentor, des dons littéraires célébrés au *Figaro*. Grand éditorialiste catholique des années 1930, pilier du journal aux côtés du directeur Pierre Brisson ; il écrit des poèmes, des nouvelles, des romans, il connaît tout Paris, porte un prénom de tsar, hérité d'une naissance, en 1888, à Saint-Pétersbourg. Leur père, lui aussi diplomate, y avait été envoyé afin de fluidifier les relations franco-russes. « Wladimir a été prénommé ainsi, comme le frère d'Alexandre III, son parrain, avec qui ma grand-mère, Marguerite, a eu une aventure… », glisse Jean d'O, toujours gourmand des amours souterraines. Cet oncle le fascine. Il a une beauté singulière, la belle Marguerite une réputation de « cuisse légère » si bien que la rumeur a couru allègrement dans la famille.

« Wladi » mène une vie de prince. Il rafle tout : des postes prestigieux, jusqu'à devenir, par deux fois, ambassadeur près le Saint-Siège, une épouse sublime, Conchita de Malo y Zayas-Bazan, l'héritière des chemins de fer du Mexique, célébrée dans *Vogue* pour son élégance, qui lui a donné six enfants et une jolie fortune. Il a ainsi racheté, parmi d'autres terres, les parts du berceau familial, le château d'Ormesson, situé près de Paris, dans le Val-de-Marne. Une merveille d'architecture : pierres ciselées, pavillons carrés, toit pointu à la française, jardin dessiné par Le Nôtre qui enchanta les grands esprits, La Fontaine, Racine, Bossuet, Mme de Staël, Mme de Sévigné, dont plusieurs lettres ont été écrites à l'ombre des tilleuls. « Avec les eaux qui l'entourent et les coteaux qui le dominent, il a l'air d'un flacon dans un seau de glace », s'amuse Diderot dans une missive adressée à Sophie Volland. Le célèbre maître des lieux, Olivier Lefèvre d'Ormesson, fut un des juges rapporteurs au procès de Nicolas Fouquet, l'homme qui a osé dire à Louis XIV, réclamant la mort de son ministre des Finances : « La cour ne rend pas des services, sire, elle rend des arrêts. » Ses archives emplissent encore les sous-sols du château. Comme les Turgot ou les Colbert, les Lefèvre d'Ormesson incarnent la haute fonction publique d'Ancien Régime. Et l'histoire de France vibre dans les murs : un ancêtre a épousé la nièce de saint François de Paule, un aïeul fut chancelier de France, un autre membre du Conseil de Régence sous la minorité de Louis XV, un autre encore, premier président du parlement de Paris, fut guillotiné en 1794... Jean d'O m'a souvent perdue dans les labyrinthes de son illustre famille. Elle l'irradie autant qu'elle l'encombre. « À côté de la branche Wladimir, qui avait pris possession du château, nous étions un peu les cousins pauvres », m'a-t-il confié un soir, avec une pointe de jalousie qui fleurait la revanche. À Ormesson, où il vient souvent, enfant, jouer avec les fils de Wladimir, il se sent comme un étranger.

Ses parents, eux, ont hérité, côté maternel, de Saint-Fargeau. Un immense château édifié au temps de Jacques Cœur, embelli par la Grande Mademoiselle, qui y fit travailler Le Vau, mais moins raffiné, moins mondain, situé loin de Paris, dans le nord de la Bourgogne. Jean d'O en fera le décor, même le héros d'un de ses plus grands succès, *Au plaisir de Dieu*. C'est ici que se forment les souvenirs d'enfance, de juin à septembre, durant les longues vacances. Le petit Jean vaque dans les enfilades de pièces sombres, chargées de tableaux, d'argenterie et de velours, entre les étangs et les bois infinis. Il salue les métayers, chasse le fantôme de son ancêtre Louis Michel Lepeletier de Saint-Fargeau, le célèbre avocat général, franc-maçon, qui a voté la mort de Louis XVI avant de se faire assassiner la veille de son exécution, au Palais-Royal, par un ancien garde du monarque. Un hommage grandiose lui fut rendu au Panthéon par les révolutionnaires ; son portrait, peint par David sous le titre *Premier martyr de la liberté*, a été racheté à prix d'or et emmuré par sa fille, une ardente royaliste qui ne voulait plus voir son régicide de père en peinture.

À Saint-Fargeau, le temps prend de l'épaisseur, il coule au rythme des ancêtres et des pendules dorées que l'on remonte deux fois l'an. Siestes, lectures sous les arbres, messe et confesse obligatoires. Parfois, au loin, vagues presque irréelles, bruissent les tracas du monde, quand André, pacifiste dans l'âme, s'inquiète des coups de force du Führer. Le grand-père maternel, lui, pleure l'Ancien Régime, fulmine contre les juifs et la victoire annoncée du Front populaire. Les numéros de *L'Action française* s'empilent sur la table, on savoure du ragoût de mouton, en écoutant ratiociner les tantes à dentelles. Et puis, la rentrée approche. Adieu vieille France.

Embarquement au Havre, traversée première classe à bord du *Massilia* et c'est le soleil de Rio. Le Pain de Sucre au loin, Copacabana radieuse, Ipanema encore vierge et Petrópolis, sur les hauteurs, paradis de fraîcheur. Les maracas du carnaval crépitent encore dans la tête de Jean d'O. « Voulez-vous un air de samba ? » me lance-t-il un jour de grande forme, en chantonnant *a capella* quelques refrains portugais.

L'adolescence éclôt ainsi dans cette bulle exotique. Jean ne va pas à l'école ; il a toujours été instruit à la maison, les leçons du cours Hattemer tombent dans la boîte aux lettres, un répétiteur assène, la mère note, éblouie. « J'étais forcément le premier de la classe », note son fils. Pas de concurrents, ni même de camarades, pas vraiment d'altérité à laquelle se confronter. Henry, que les parents considèrent comme un cancre, est resté à Paris, en pension au cours Monceau. « Pas question de le garder, il est trop insupportable », a décrété Marie d'Ormesson. Jean est seul au monde, petit roi adulé, baignant dans les aventures des Pieds Nickelés, Bibi Fricotin et Jules Verne. Les livres l'enchantent. Ses parents le comblent, du moins en apparence. Il y a de l'insatisfaction dans l'air, qu'il résume avec son art assumé des contradictions : « Il ne se passait rien. L'amour de mon père et de ma mère m'étouffait un peu. Je rêvais de tempêtes tranquilles. »

Il traverse la guerre sur un nuage. La famille revient en France en 1938, au moment des accords de Munich. Épuisé par le climat du Brésil, André a demandé sa retraite anticipée. La montée des périls en Europe n'entame pas son pacifisme. Jean Giono a peut-être raison, « mieux vaut être allemand vivant que français mort ». Comme son frère, comme nombre de Français alors, André place ses espoirs dans le vainqueur de Verdun. « Le couple Pétain-Weygand crée une immense impression de sérénité, ces noms représentent une telle somme d'expériences, de sagesse, de sciences, de volonté et finalement de gloire... », écrit Wladimir, en 1939, dans *Le Figaro*. Trois ans plus tôt, déjà, il le jugeait seul capable de « rassembler les forces saines de la nation ». Le clan d'Ormesson a choisi son camp. Osmose avec les valeurs du Maréchal, qui appelle à une « purification morale ». Travail, famille, patrie. Et tout plutôt qu'une nouvelle guerre. En septembre 1939, alors que les Allemands percent à l'est, ils se réunissent et partent tous se réfugier dans les châteaux de Wladimir, à Ormesson puis à Lézignan-la-Cèbe, dans l'Hérault, autre demeure historique de la famille, où Jean suit ses cours de troisième par correspondance avec son cousin Antoine. Le 20 mai 1940, Wladimir est nommé par Paul Reynaud ambassadeur près le Saint-Siège, avec pour mission de convaincre le pape d'intercéder auprès de Mussolini et Hitler, afin d'éviter un conflit contre la France. « Il faut que Pie XII comprenne que c'est la cause chrétienne que nous défendons », martèle le président du Conseil. Wladimir utilise tous les arguments. Sa sainteté est une vieille connaissance de son frère André qui l'a connu simple nonce apostolique, puis cardinal Pacelli, lorsqu'il était en poste à Munich. Mais rien n'y fait, le 10 juin, l'Italie déclare la guerre à la France.

Remercié par le gouvernement de Vichy, Wladimir d'Ormesson continue d'écrire dans *Le Figaro*, alors replié à Lyon. Il évite de prendre parti, louvoie, prône l'ordre, condamne les attentats contre l'occupant. Certains le voient comme un collabo, d'autres comme un résistant. Maurice Schumann, lorsqu'il lui succédera à l'Académie en 1975, exhumera des pamphlets clandestins dans lesquels Wladimir prêche « la croisade de l'ordre chrétien contre le désordre nazi » ! En novembre 1942, après l'invasion de la zone libre, *Le Figaro* se saborde. Wladimir entre dans la clandestinité, traqué comme Pierre Brisson par la Gestapo et la police de Lyon. Il se rallie alors à de Gaulle, qui le nommera à la Libération ambassadeur en Argentine, puis à nouveau près le Saint-Siège. L'un de ses garçons combat pour la France Libre, sa fille Anne épousera en 1945 le colonel Pierre de Chevigné, petit-fils de la fameuse comtesse qui a inspiré à Proust sa duchesse de Guermantes, un héroïque résistant de la première heure, futur secrétaire d'État à la guerre au début des années 1950. La famille d'Ormesson continue de se distinguer dans la diplomatie : Yolande, la sœur d'André et de Wladimir, a épousé Charles Arsène Henry, ambassadeur de France à Tokyo jusqu'à sa mort, en novembre 1943.

Le père de Jean d'O, lui, a fait un passage éclair, au début de la guerre, au commissariat général à l'Information dirigé par Jean Giraudoux. Il serait ensuite appelé par le maréchal Pétain pour diriger la Croix-Rouge française avant de démissionner, vingt-quatre heures plus tard, outré par la politique antisémite de Vichy. C'est ce qu'a toujours raconté son fils. La Croix-Rouge n'a conservé aucune trace de son passage. Difficile d'en savoir davantage. Quand on évoque la guerre, Jean d'O passe toujours vite. Seules quelques impressions reviennent : la tristesse du père, les croix de Lorraine dessinées en cachette, le froid et les rutabagas.

En 1941, pour la première fois de sa vie, il découvre la classe et entre en première A2 au lycée Blaise-Pascal de Clermont-Ferrand où une partie de l'administration française est alors installée. Premiers émois littéraires avec Gide et Aragon, premier frisson dans le tramway devant la prof de maths et premier prix en fin d'année pour le « meilleur élève de lettres ». Il se fait un ami, Jean-Paul Aron, neveu du philosophe, Raymond, qu'il retrouvera plus tard au *Figaro*. Puis, déménagement à Nice où la famille possède quelques biens immobiliers : « Mes parents ont décidé d'aller vers la chaleur. » André d'Ormesson aurait alors décliné un poste d'ambassadeur à Monaco, il était aussi très ami avec le préfet des Alpes-Maritimes. On dirait, en écoutant son fils, qu'il est toujours des deux côtés de la balance : « copain » d'un prof partisan de l'ordre nouveau qui fait chanter à sa classe *Maréchal nous voilà*, et bienfaiteur d'une jeune fille de banquier, Liliane Fould, qu'il aide pour épouser par procuration, en 1942, le baron Élie de Rothschild, alors prisonnier en Allemagne. Un jour, alors que je le pousse à m'éclairer davantage, il brouille encore plus les pistes, évoque son premier vol, d'un pot de confiture, tant la faim le tenaillait, ses voisines, deux sœurs juives ravissantes qui le hantent : « Je me suis toujours demandé ce qu'elles étaient devenues. » On dirait qu'il se force.

Culpabilise-t-il de n'avoir pas plus souffert durant ces années noires, d'avoir « survolé en première classe les horreurs », comme il l'écrit en 2016 dans *Je dirai malgré tout que cette vie fut belle*. Sur le plateau de Laurent Ruquier, Yann Moix le bousculera ainsi : « au fond, votre drame, c'est de n'avoir pas fait la guerre… ». C'était injuste et brutal, Jean d'O n'a que dix-neuf ans en 1944.

Mais il y a un fond de vrai, son ami Valéry Giscard d'Estaing, âgé de neuf mois de moins que lui, s'est engagé à la libération de Paris ; Son frère Henry, lui aussi, a pris les armes, comme ses futurs grands amis, tous deux juifs et résistants, Maurice Rheims et Philippe Baer, le père du comédien Édouard Baer. Jean d'O, lui, reste au chaud. Après avoir brillé au lycée Masséna de Nice, il rentre à Paris, intègre en 1943 la prestigieuse hypokhâgne d'Henri-IV. Pas question de faire Sciences Po, comme le suggère son père qui le verrait bien dans la diplomatie. Il aime les lettres, vise la rue d'Ulm. Le petit roi potasse chez ses parents, au 97, rue du Bac, dans ce bel appartement haussmannien en colimaçon, où il vit jusqu'à l'aube de ses quarante ans. Ça l'enchantera, il s'en vantera même devant moi, comme avec d'autres journalistes, avec son sens inné du marketing et de l'autodérision : « J'ai inventé le concept du cocooning. »

Un sentiment de schizophrénie le saisit à Normale Sup. Jean d'Ormesson entre sur le fil, en 1945, avant-dernier de la section lettres, avec un écrit médiocre, des oraux plus inspirés sur une lettre de Cicéron et un passage des *Rêveries du promeneur solitaire*. Les parents sont ivres de fierté, lui est déboussolé. Il travaille dur, mais Hegel lui semble « du chinois céleste tout à fait opaque », et Heidegger « un trou noir ». Ses nouveaux amis, Claude Lefort, Jean Laplanche, Jean-Baptiste Pontalis, sont trotskistes. Ils appellent à la révolution, théorisent et complotent à longueur de journée. « Leur rapport avec les communistes, qu'ils haïssaient avec tant de violence, me plongeaient dans des abîmes d'ignorance… » Jean fait semblant de comprendre, bouche cousue sur son univers à lui ; Saint-Fargeau et les messes en souvenir de Louis XVI, les parties de bridge, les mariages, les chasses à courre. Il n'ébruite pas son admiration pour Emmanuel Berl, ce philosophe, neveu de Bergson, qui fut un fervent munichois, proche de Drieu la Rochelle, auteur du fameux discours de Pétain célébrant « la terre qui ne ment pas », et donc rejeté par le monde intellectuel après guerre. Il vit désormais retiré avec sa femme dans un petit appartement du Palais-Royal, où le jeune normalien lui rend visite. Pas un mot, non plus, de son amitié pour Paul Morand, ce virtuose du style adoubé par Proust, élégance snob et plume acide, croisé dans les cercles diplomatiques paternels. L'écrivain-voyageur, proche de Laval, a été l'un des ambassadeurs du régime de Vichy, un antisémite notoire, comme sa richissime épouse, la princesse Soutzo. Après quelques années d'exil en Suisse, l'acariâtre jouisseur, fou de voitures et de femmes, sera réintégré dans l'Administration en 1953, et même élu à l'Académie française en 1968, après cinq tentatives. Les Hussards exultent, tout comme son jeune disciple d'Ormesson. Tout cela se tait évidemment rue d'Ulm ; dans ce « temple gauchiste », l'aristocrate porte des jeans et fait mine de vouloir prendre sa carte à la CGT.

« J'étais littéralement coupé en deux. Imaginez un peu : pour mes amis normaliens, Blum était un social-traître ; dans ma famille, il était un dangereux révolutionnaire », se souvient-il, un dimanche glacé d'hiver, à l'heure du thé. Jean d'O a ouvert la porte, pinson réchauffé dans son peignoir crème. « Désolé de vous recevoir dans cet état », s'excuse-t-il. Il sort d'un de ces longs bains qu'il fait mousser avec sa lotion fétiche, au pin, rapportée de Suisse. On dirait même qu'il a pris soin de crémer sa peau toute parcheminée par une vie de soleil. Détente après une journée d'écriture.

Il s'enfonce dans le sofa de son bureau. Les pieds nus s'étirent sur les chaussons en éponge. Autour de lui, les feuilles de son prochain manuscrit dansent avec les souvenirs. Il évoque son bizutage rue d'Ulm, petits hoquets farceurs. Des gars de la promo du dessus l'avaient embarqué de force gare de Lyon. « Ils m'ont lâché dans le wagon, nu dans une couverture.

J'ai fait le voyage dans les toilettes et suis descendu à Dijon, la casquette du contrôleur sur le sexe... » La soirée a continué, arrosée de gages, dans une « maison de passe ». Il n'en dit pas plus. Son corps soudain se ratatine, comme piqué par les images du passé. Il resserre la ceinture de son peignoir : « C'est abominable de vieillir... » Triste silence. Je fixe le joli tableau de Corot et l'imagine à vingt ans, vivant ses aventures estudiantines tout frétillant, avant de rentrer chez papa-maman.

Dans ces années d'après guerre « Jeannot », comme l'appellent ses copains, sort de l'œuf. Il se prend d'admiration pour le caïman de la promo, Louis Althusser, génie torturé, fils d'un pied-noir d'Alger, qui fut un pieu royaliste avant d'embrasser le communisme. Ce dernier lui déconseille de tenter l'agrégation de philosophie : « C'est la seule où tu seras refusé à coup sûr. Tu es trop faible. » Mais l'effronté s'obstine et, à la seconde tentative, il est miraculeusement reçu en 1949. Ses amis se pincent. Jeannot se prend pour Alcibiade, le disciple de Socrate. Il s'étonne de tout, sait qu'il ne sait rien, passe ses après-midi au cinéma, devant les films de Lubitsch, Capra et Curtiz. Bogart, dans *Casablanca*, le fait rêver. Mais son idole, c'est Cary Grant. Il l'imite devant la glace, mèche gominée, blazer de flanelle. Lui aussi aimerait être acteur. Mais il y a ce nez de boxeur, et sa taille. « On n'est pas beau, me dit-il, quand on mesure un mètre soixante-neuf. » Son père n'a pu s'empêcher de lâcher, lors des noces d'un fils Ganay, un beau gaillard d'aristo aussi racé que ses trois frères : « Toi à côté d'eux... On dirait un roquet au milieu des lévriers. »

Pourtant c'est lui qui tombe Nine de Montesquiou. « Une beauté », m'a répété quinze fois Jean d'O, et ce n'est pas rien dans son échelle de valeurs où le physique des femmes compte tant. Combien de fois ai-je entendu à table, en tête à tête, à Neuilly, ou plus tard en Corse avec ses proches, des commentaires sur la grâce ou l'élégance d'une telle, la laideur « effrayante » d'une autre ? Nine de Montesquiou est la perfection même. Des airs de Grace Kelly « en mieux », teint de rose, attaches délicates, longs cheveux d'or... Son statut de divorcée, mère de trois enfants, lui donne encore plus de mystère. Dans sa maison de Bagatelle, à Neuilly-sur-Seine, elle tient salon, invite des artistes, des écrivains, dont le neveu de Kessel, Maurice Druon, l'auteur du *Chant des partisans*, lauréat du Goncourt 1948 avec ses *Grandes Familles*, un futur académicien. Toute une bande de jeunes énarques gravite aussi autour d'elle, Valéry Giscard d'Estaing, Jean-François Deniau et Philippe Baer, un gentleman à l'humour ravageur, qui tombe vite amoureux. Nine aussi est séduite ; elle part jusqu'à Buenos Aires rejoindre Baer qui fait son stage à l'ambassade. À son retour, il présente la ravissante à son meilleur ami, Jean d'Ormesson. Et le regrettera toute sa vie.

Le normalien se pointe à Neuilly avec ses livres de philo gravés d'une petite chouette socratique. « Je voudrais voir ta maman », dit-il à la fille de Nine, Victoire, qui est alors au collège. La mère succombe aux yeux enchanteurs. Il a vingt ans, elle trente et un. « Oui, là encore j'étais un peu précurseur, ironise-t-il.

Nine était plus âgée que moi ; c'est mon point commun avec Macron... »

Jeannot dort toujours chez ses parents, mais il prend part à la vie de famille des Montesquiou. Les bouillies de Julie, la cuisinière, le ravissent, lectures de Chateaubriand et de Tintin sur le canapé en toile de Jouy, révision des leçons avec Victoire, qu'il chaperonne en grand frère attentif. « Quand tu seras grande, lui promet-il avant un rallye, je te couvrirai de fourrure et de bijoux. » Pour sa mère, il décrocherait la lune. « Il fallait voir Jean et Nine dans les soirées, se souvient leur amie Anne de Lacretelle, fille de l'écrivain Jacques de Lacretelle. Ils paradaient l'un au bras de l'autre, elle enchantée avec ce jeune homme, lui si fier d'avoir conquis la plus jolie femme de Paris. » À Marsan, le château des Montesquiou situé dans le Gers, Jean d'O prend ses aises. Une photo de lui l'immortalise sur le perron, sagement peigné, aux côtés des enfants. Le voilà aussi sur la pelouse, guilleret en slip, brin d'herbe entre les lèvres. Le bonheur existe, même s'il ne dure pas.

LE DERNIER ROI SOLEIL

Nine le quitte en 1950 pour Maurice Herzog, le vainqueur de l'Annapurna. Elle sera délaissée à son tour pour Marie-Pierre Cossé de Brissac, premier flirt de Jean d'O. Début de la valse des amours qui rythme le monde d'ormessonien. Mêmes femmes entre mêmes amis, liberté inouïe tout en préservant les apparences. Jean d'O parle pudiquement de ces « entrelacs » qui le fascinent et guident son œuvre, sans toujours mesurer l'entre-soi dans lequel il s'épanouit. « L'amour a été la grande affaire de mon existence », a-t-il clamé cent fois. Dans son peignoir, ce dimanche, il ajoute : « Peut-être même la seule… »

Après Nine, c'est la naissance du conquistador. Jeu permanent dès qu'il croise un regard, un sourire, une silhouette, longue de préférence. Il le confesse : « J'aime les grandes femmes. » Sinon, il se cherche. Son frère Henry, l'ancien cancre, nul en orthographe, file désormais bien droit : ENA, reçu à la seconde place, inspection des finances, mariage avec une fille à particule, du même « milieu », comme le préconisent les parents. Surtout pas au-dessous, ni au-dessus de sa classe, avec une parvenue de la bourgeoisie : « On n'épouse pas ses fournisseurs », répète André d'Ormesson. Les copains, Baer et Deniau, tracent aussi leur chemin dans la haute administration. Dieu, quel ennui, qu'ont-ils tous ? Trois mois de stage au cabinet Bidault, de juin à septembre 1945, ont assommé Jeannot, bien plus que sa courte expérience de prof de terminale, au lycée Jacques-Decour. Il aurait dû partir enseigner près de Philadelphie, sur le campus de Bryn Mawr, mais une sorte de maladie infectieuse au nom barbare, la spirochétose, l'en a empêché. Encouragé par l'oncle Wladimir, il a tenté d'écrire dans *Le Figaro* des petits articles de politique étrangère, mais ça n'allait jamais. Tout dans sa vie n'est que velléité.

Jean d'Ormesson n'est pas peu fier que *Le Monde* publie son nom, en 1948, dans la rubrique courrier des lecteurs. Il a adressé quelques lignes au directeur, Hubert Beuve-Méry, dans l'espoir, sans doute, de se faire remarquer. Un petit commentaire sur une chronique intitulée : « Qu'est-ce qu'un bourgeois ? » « La notion qu'une étude plus approfondie me semblerait pouvoir dégager au cœur du concept de bourgeois, c'est finalement ce qu'on pourrait appeler le concept de sécurité, écrit-il. Le bourgeois est un monsieur qui ne se met jamais en jeu tout entier... » Voilà ce qui le préoccupe alors dans une France encore soumise aux tickets de rationnement. *Le Monde* publie sa lettre, mais laisse filer ses propositions de piges. C'est *Paris Match* qui publie son premier article, en septembre 1950 : un couplet estival sur Noirmoutier, où la « plage la plus fermée a pour reine une princesse ». Jeannot ne se foule pas trop. Il fait l'éloge de la paresse. « Dormir c'est tout à fait exquis, ça vous fait sortir de ce monde où on a beaucoup d'ennuis. » Il badine au bras de Pierre Celeyron, ce bonhomme au cœur d'or qui organise, depuis sa petite agence de la rue du Bac, des fêtes somptueuses pour la jet-set : soirées à thème, bals costumés avec fausse neige, bêtes tropicales, collines ou lagons artificiels. Magicien de l'éphémère, voilà un métier.

L'oisiveté guette le normalien. André d'Ormesson s'inquiète. Heureusement, un matin de 1950, en bas de chez lui, il rencontre une vieille connaissance, l'économiste Jacques Rueff, qui cherche un assistant, pour animer le Conseil international de la philosophie et des sciences humaines, récemment créé à l'Unesco. Un job en or, passionnant, libre, défiscalisé, « un fromage sur un nuage », dira Jean d'O, avec sa douceur ironique. Il le conservera précieusement durant trois décennies. Pour l'heure, il guette toujours « ses tranquilles tempêtes ».

À douze kilomètres de Paris, Ormesson, le paradis. Le château de l'oncle Wladimir, après avoir été occupé par les Allemands, retrouve des couleurs. En fin de semaine, il accueille la joyeuse bande, Giscard, Baer, Lacretelle, enfants de ducs et de comtesses, pas les rebelles de Normale Sup, à part, parfois, Jean Laplanche, ce drôle de marxiste, sacré bambocheur, héritier du domaine de Pommard.

Pique-niques servis au bord du lac, bains de soleil et parties de tennis. Les filles rayonnent, à la pointe de la mode, bustiers, jupes crayon, bikinis quand la température grimpe. Jean déclame du Chateaubriand et fume le cigare. Antoine, le cadet de Wladimir, lui laisse volontiers la vedette.

Les cousins s'entendent comme des frères. Jean a sa chambre dans le pavillon d'Antoine et de sa jeune épouse. Maria del Rosario, la fille de l'ambassadeur du Chili en Espagne, une poupée brune dessinée au pinceau, taille de guêpe, sourire irrésistible. Tout le monde l'appelle « Charete ». Le mariage a eu lieu en grande pompe, à Rome, deux enfants – un garçon, une fille – sont nés peu après. Le jeune ménage habite provisoirement Ormesson. Jeannot passe son temps chez eux, un peu vacant. Il a écrit un recueil de nouvelles intitulé *Les Amours vaines*, qu'il a porté plein d'espoir chez Julliard, le découvreur de Sagan. L'éditeur refuse de les publier, mais il reconnaît le talent et l'encourage à reprendre la plume : « Écrivez plutôt un roman, ça se vendra plus facilement. » Le normalien cherche l'inspiration, travaillote, en oublie même certains matins d'aller à l'Unesco. Antoine s'étonne de le voir rester au lit, tandis que lui part pour Paris s'occuper de ses affaires. Un jour, pris de doutes, il fait demi-tour et surprend sa femme dans les bras de son cousin adoré. Cataclysme, l'année de Diên Biên Phu. Les amants fuient à Rome, reviennent. Charete avoue : elle est folle amoureuse. Le 4 décembre 1954, elle annonce à son mari vouloir divorcer, laisser ses enfants, épouser Jean et partir vivre avec lui en Amérique.

Wladimir, alors ambassadeur près le Saint-Siège, hurle au déshonneur. André, dévasté, pleure son fils, « un raté de génie ». Les frères diplomates s'accordaient si bien ; ils partaient en cure ensemble soigner leurs rhumatismes, ils s'écrivaient depuis des années, chaque jour, quoi qu'il arrive, même du bout du monde. Désormais, c'est la guerre. Henry, alors coopérant au Maroc, prend l'avion d'urgence pour jouer les médiateurs. Le « moustique », lui, se réfugie dans les bras de sa mère et finit par rentrer dans le rang. Allez, ciao Charete, désolé, c'est fini.

Il prend la poudre d'escampette et se réfugie dans l'écriture. Ce sont ses amis Deniau et Baer qui s'occupent de la maîtresse délaissée, conspuée, rejetée de tous. Ils se mobilisent pour lui prêter de l'argent, l'installer dans un modeste appartement non loin de la Bûcherie, en face de Notre-Dame. Bientôt Charete reçoit la visite de prélats en noir, venus du Vatican. Interrogatoire sans pitié, ils veulent lui faire avouer qu'elle n'a cessé de tromper Dieu et son mari, que les petits n'ont pas le sang des d'Ormesson. Au Vatican, l'ambassadeur Wladimir remue ciel et terre pour faire annuler le mariage. Il y parvient. Et Antoine épouse deux ans plus tard, à l'église, une fille de Margerie qui élèvera ses enfants comme une mère. Pendant longtemps, ni eux, ni leur descendance ne sauront la vérité sur le départ de Charete. La scandaleuse n'existe plus ; elle est rayée de la carte.

André, lui, ne veut plus adresser la parole à son fils. Le silence pèse lourd dans l'immense appartement de la rue du Bac. Rien n'y fait, ni les supplications de Marie, son épouse, ni les progrès de Jean, qui a publié enfin son premier roman, en 1956, chez Julliard. Le titre, *L'amour est un plaisir*, tiré d'un vers de Corneille, navre le père autant que le contenu si léger, l'histoire de trois garçons épris de la même femme. « C'est formidable, presque encore mieux que *Bonjour tristesse* », s'emballe l'éditeur de Sagan, mais les critiques ne sont pas terribles. Il faudra quelques années encore pour que le ton change. André d'Ormesson ne lira jamais les éloges, il n'assistera pas à la gloire de son fils et s'éteint le 29 mars 1957. Dans son dernier souffle, une ultime prière : que son frère, un jour, pardonne à Jean.

Vingt ans après, ou presque, au soir de sa vie, Wladimir consentira à quelques apaisements. Ses enfants, eux, n'oublieront pas la trahison. Les succès du romancier ne feront qu'attiser la rancœur. Pendant soixante-cinq ans, jusqu'à son enterrement où certains membres de la famille ne se rendront pas, Jean d'O restera un paria.

Évidemment, il ne me l'a jamais raconté comme ça. Il n'aime jamais trop aller au fond des choses, à l'os, comme dit Céline. Seuls les témoignages de proches et des héritiers de Wladimir m'ont permis de reconstituer l'histoire. Jean d'O, lui, parle de « l'affaire

Charete », dont il a fait état pour la première fois en 2008, dans son *Rapport Gabriel*. L'ouvrage, très médiatisé, est alors tombé dans les mains des enfants et petits-enfants d'Antoine, qui découvrirent ainsi le scandale étouffé durant plus d'un demi-siècle. Furieux, le cousin trahi a pris la plume pour dire « sa vérité », rappeler le drame, et conter au passage sa vie d'aristo mélomane, dans un livre dont personne ne parla. Jean d'O a vaguement feuilleté les pages, déploré la plume médiocre, plaint le vieil homme. Il a des regrets, et un soupçon de fierté, tout de même, d'avoir osé une chose pareille. La transgression lui plaît. Charete, c'est un peu son fait d'armes, la seule ombre apparente d'une longue vie de lumière. Regard lucide, soixante ans après : « Il y avait un côté allez vous faire foutre, je vous emmerde tous… j'aurais mieux fait d'entrer au parti communiste au lieu de faire tant de mal à mon père. Après ça, je deviens le mauvais garçon, le traître, or je n'avais pas les épaules pour ça. » Il revient souvent sur Charete, deux, trois, dix fois au détour d'une conversation banale. Une larme file parfois dans le bleu indigo. Je lui fais remarquer que le drame a peut-être déclenché l'écriture, ce premier roman que Julliard, enthousiaste, trouvait digne de Sagan. Avant cela, il n'avait jamais écrit, ni carnets ni journal intime, pas même un poème dans l'enfance. « Oui, c'est vrai, après tout peut-être..., concède-t-il. Je ne suis pas fana de psychologie vous savez. J'écris comme je pisse. »

Un jour, il me donne le numéro d'un journaliste avec qui Charete a vécu dans les années 1970. Les semaines passent. Un après-midi printanier de 2017, je tombe sur Jean d'O dans le hall en marbre ultra-sécurisé de la banque Lazard. Je sors d'un rendez-vous pour un portrait de son dirigeant. Il est seul, pantalon de toile et mocassins bleu roi, les mains dans les poches, devant deux hôtesses à chignon qui le regardent, interdites. « Stupéfiant de se croiser ici. Attendez-moi, dit-il. Je retire trois sous, mon taxi est à la porte, je dois aller chez Gallimard signer mon contrat, je vous dépose où vous voulez. » En chemin, je lui demande s'il a toujours été chez Lazard, ce temple des affaires qui ne gère que quelques gros portefeuilles de particuliers. « Les banquiers m'assomment, élude-t-il. Mon père les détestait. Chaque fois que ma femme me traîne en voir un, je m'endors. Enfin, ça peut être utile, récemment ils m'ont fait acheter de l'or... » Nous parlons de son rendez-vous chez Gallimard, autre coffre-fort, des lettres françaises. Va-t-il négocier ses droits d'auteur pour son prochain livre ? Non, jamais, « depuis des années, ils me font le maximum, 18 % ». Changement de sujet : « Alors vous l'avez appelé, l'ami de Charete ? » Oui, et il m'a raconté les inquisiteurs du Vatican, la souffrance d'une mère séparée de ses petits, sa tentative d'oublier dans les bras des hommes, son goût des jolies choses, ses articles à la rubrique décoration de *Marie Claire*, et sa mort précoce, d'un cancer, à l'âge de cinquante ans. Jean d'O sait plus ou moins tout ça, il n'a cessé en cachette de se tenir au courant. Il a même revu Charete lors d'un ou deux dîners mondains. « Et que disait-elle de moi ? demande-t-il. M'en voulait-elle ? » Silence. « Mon Dieu, vous allez raconter tout ça, et le reste... c'est impossible et pourtant il le faut. » Ses yeux transpercent les miens : « Je suis un petit dissimulé, je déteste la transparence, j'aime cloisonner les mondes. » Le taxi s'arrête au Trocadéro. Je descends. La main légère volette dans l'air tiède puis remonte la vitre : « Ciao mon enfant ! »

« Vous aurez beaucoup de mal à parler avec ma femme, m'a prévenue Jean d'O. Françoise a son caractère. » J'ai vu le versant glacial durant presque deux années. Au téléphone, quand il m'arrivait d'appeler, ce n'étaient que de longs soupirs suivis d'expéditifs : « Je vous le passe. » Un ou deux hochements de tête tout de même, à force de se croiser dans le vestibule de sa jolie maison. Tant de rudesse sur des épaules d'octogénaire couvertes de cashmere et de soie Hermès… Je me demandais quelle vie, quelles souffrances pouvaient bien mener là. J'espérais même ne plus jamais devoir l'affronter. Et puis un jour, au printemps 2017, Françoise est apparue dans sa salle à manger carmin. Elle s'est assise à table. Jean versait une louche de crème fouettée sur ses gariguettes. Il s'est arrêté net.

« Bonjour Sophie », lance-t-elle, comme si nous nous connaissions depuis toujours. Elle porte un tailleur-pantalon marine, fond de teint épais, cheveux noirs coupés ras, grosses boucles d'oreilles vintage, un air de Loulou de La Falaise. La mâchoire rumine, lèvres closes. Il n'est que soleil et courtoisie, elle est l'inverse, à force d'être reléguée dans l'ombre. Il faut du temps pour découvrir sa lumière à elle, sa bonté, sa force d'âme. « Tiens, mon chéri, que fais-tu là ? » ose-t-il, l'iris soudain moins charmeur. Françoise d'Ormesson revient d'un examen pour ce genou qui la fait souffrir. Les antidouleur la soulagent peu, le médecin est pessimiste, il faudra sans doute opérer avant l'été. Elle arrange le bouquet de narcisses posé sur la table. Pas de plainte, des faits, ton monocorde et bourru de celle qu'on n'écoute jamais.

« Tu devrais monter te reposer, l'interrompt-il.

— Ah, tu veux te débarrasser de moi... Eh bien si c'est comme ça... »

Elle se lève, raide comme un amiral. Gagne la cuisine située tout à côté en enfilade. La porte claque. Sur la gouache, au mur, les canards pendus tremblent. Silence de mort. Olivier surgit de ses fourneaux, désireux sans doute d'échapper aux éclairs de Madame. Monsieur désire-t-il davantage de crème, un peu de sucre glace ? Non, Jean a perdu l'appétit, il a du souci au front, un air fumasse. « Tout ça est idiot », s'agace-t-il, main nouée sur sa cravate en tricot. Je me sens mal, prisonnière d'une scène qui me rappelle les disputes de mes grands-parents maternels. À tâtons, je suggère : « Vous devriez peut-être aller voir votre femme, vous excuser, elle a eu de la peine... » L'œil vire au noir. Il a l'air de penser que je me mêle de choses qui me dépassent. Il a raison. « C'est assommant », marmonne-t-il, avant de filer à la cuisine. Éclats de voix brefs derrière la cloison.

Il réapparaît. Françoise aussi, comme si de rien n'était. Port de reine, doigts manucurés en étoile sur la table. La conversation reprend sur la campagne présidentielle et les chances de victoire de Fillon, les vacances de Pâques qui approchent, les d'Ormesson iront en Corse ; « j'espère que vous viendrez un jour à Fornali », me dit-elle, soudain pleine de gentillesse. Je la remercie, pourquoi pas, peut-être aurons-nous ainsi le temps d'une vraie discussion. « Un jour, nous verrons…, réplique Françoise. Mais moi, je ne vous parlerai pas de l'écrivain, je vous parlerai de l'homme. » Des mois passent. Tant qu'il sera en vie, elle ne dira rien.

Passy est un beau terrain de jeu. En ce milieu des années 1950, la Talbot décapotable de Jean d'O rôde souvent au pied du luxueux immeuble Art déco du 29, rue Octave-Feuillet. Veste en lin, cheveu gominé, il monte l'escalier quatre à quatre, gravit le palier du premier où Suzanne Tézenas reçoit les seigneurs de la vie littéraire, Graham Greene, Cioran, Ionesco, Saint-John Perse, avant de filer au dernier étage. C'est là que résident trois sœurs, brunes, chics, élancées, figures des bals de la capitale.

Le père ouvre la porte : « Jeune homme, vous avez oublié votre cravate ! »

Ferdinand Béghin ne plaisante pas avec l'étiquette. Il est l'héritier d'une immense industrie sucrière née au début du XIXe siècle, à Thumeries, dans les brumes du Nord. Paternaliste, autocrate, brun, rogue, ténébreux, il l'a développée à la serpe, toujours sur le dos de ses ouvriers, résolu à tout maîtriser jusqu'à l'emballage, grâce au rachat d'usines de papier qui le conduisent à se déployer dans les produits hygiéniques (Vania, Lotus) et les journaux. Associé à son ami Jean Prouvost, le créateur des lainières de Roubaix devenu magnat de la presse, il a relancé *Paris-soir*, grand quotidien des années 1930, interdit après la guerre pour avoir paru pendant l'Occupation, avant d'entrer au capital de *Paris Match* et du *Figaro* en 1950. « Je mène mes industries un peu comme un sport », déclare-t-il dans les interviews de l'époque. Sa devise : « Être le premier partout. »

À son grand regret, son épouse, Simone de Lanzbourg, une Suisse d'une rare élégance, ne lui a donné que des filles. Roselyne, l'aînée, un peu garçon manqué, sportive, bonne cavalière ; Pascaline, la cadette, longues jambes et cou immense, douce, mystérieuse, toujours à cultiver ses fleurs, sa préférée. Françoise, née en 1938, est plus proche de sa mère. Elle ne s'est jamais vraiment remise de l'avoir vue quasiment mourir à la fin de la guerre, après un accouchement atroce, bébé mort-né, suivi d'un infarctus quelque temps plus tard. Elle ne l'a pas quittée toute son enfance, petite infirmière au lumineux regard noir, intimidée par les médecins qui défilaient à son chevet. Il lui restera, toute sa vie, une compassion pour ceux qui souffrent. « Papa trompait maman, mais il lui a offert tous les soins du monde », me confie Françoise, poings serrés sur ses bagues anciennes, alors que nous évoquons sa famille pour la première fois. « La faiblesse lui était insupportable. »

Les filles marchent à la baguette derrière ce père énergique qui court les salles de ventes et les concours hippiques, reçoit ses puissants amis, le général de Castries, héros de Diên Biên Phu, Jean Prouvost ou Michel Bolloré, le père de Vincent, ce grand mondain, héritier des papeteries d'Odet. L'éducation des petites a été confiée aux sœurs de Lübeck, puis de La Tour, vénérables institutions du XVIe, où Françoise fait scandale, un jour, pour avoir osé prendre un bain, nue, sans chemise. Elle n'a jamais oublié la cruauté des nonnes qui l'ont obligée à s'agenouiller dans le réfectoire, les bras en croix devant ses camarades. « Priez pour votre amie, mesdemoiselles ! », ordonnait-elle, en fixant la brebis galeuse.

Les corsets ont volé à l'adolescence. Apprentissage de la liberté à Tockington, près de Bristol, dans un collège chic où les animaux circulaient dans les salles de classe, leçons sans contraintes, découverte des premières amours, entre filles. « C'est là que j'ai appris le mot lesbienne », ajoute soudain Françoise, sourire en coin. Le feu couve sous la glace. Pour ses dix-huit ans, comme ses sœurs, elle a eu droit à un bal au Crillon. Pas d'études mais des fêtes à Venise, au soleil, à la neige, avec les enfants de la haute, nés Rothschild, Ribes, Wildenstein. La fortune Béghin est moins connue, plus cachée, mais presque aussi considérable. Féru d'art et de beaux objets,

Ferdinand dépense aussi dans les maisons de couture. Toujours parées des plus jolies robes, Poiret ou Dior, ses trois filles en jettent.

Elles n'ont évidemment pas échappé au conquistador. Il a d'abord flirté avec Roselyne avant de tomber amoureux de Pascaline. « Ce soir, je dîne avec Jean d'Ormesson », annonce celle-ci, à l'automne 1957. Elle le dépasse d'une tête, biche gracieuse en vichy rose. Ferdinand Béghin s'amuse de ce prétendant soi-disant écrivain. Tant de morgue pour une notoriété inexistante... Jean d'O fait le beau, mais son premier roman s'est vendu à moins de deux mille exemplaires. « Pas fameux, vous ferez mieux la prochaine fois... », l'a refroidi Roger Caillois, son patron à l'Unesco, chargé du développement culturel. Le coup est rude tant il admire ce normalien iconoclaste, ex-surréaliste, fondu de nature et de magie noire, qui a créé le collège de sociologie, une collection chez Gallimard dédiée à la littérature latino-américaine, grâce à laquelle il a révélé Borges en France, avant de fonder la revue *Diogène*. Caillois l'a recruté pour l'aider à concevoir les quatre numéros annuels, avec l'ambition de brasser les disciplines, faire écrire des historiens sur l'économie, des psychologues sur la grammaire, des artistes sur la linguistique. Il a mille idées à la minute, une exigence stimulante, des allures de bouddha bienveillant. Jean d'O aimerait tant ne pas le décevoir. Peine perdue. Et sa prose n'a pas davantage convaincu Paul Morand. « Comment, avec ton intelligence, peut-on écrire de telles platitudes ? » demande-t-il, affligé. Jeannot se rassure comme il peut. Il dit qu'il est victime de l'omerta du *Figaro*, où le vieil oncle Wladimir exerce encore sa puissance. À sa demande, le directeur, Pierre Brisson, aurait donné l'ordre qu'on ne parle jamais de l'ignoble neveu qui s'est aussi permis, dans la revue *Arts*, quelques piques insolentes sur son premier livre. « Il y a tout de même une justice, a écrit Jean d'O. On ne peut pas être à la fois directeur du *Figaro* et avoir du talent. » Il se trouve toutes les excuses du monde. Au fond, il le sait : sa plume manque de souffle. « Je me souviens comme je souffrais, me confie-t-il un soir. Je lisais *Le Paysan de Paris* d'Aragon, *Le soleil se lève aussi* d'Hemingway et je versais des larmes de sang, je disais indéfiniment : c'est nul, nul... »

À trente-quatre ans, il se lance dans une sorte d'autobiographie, première d'une longue liste, qu'il intitulera *Du côté de chez Jean*. Balade ironique et désabusée d'un jeune homme qui peine à trouver sa voie. « Ma stupidité m'atterre, écrit-il. Je m'en consolerais aisément si j'étais très beau, ou très riche. Mais d'une allure médiocre et d'une fortune moyenne, je m'inquiète de me sentir en outre incapable d'être Dante, Aristote ou saint Paul. Ce n'est pas que j'attache une importance particulière à fonder des religions ou à écrire des métaphysiques. Se promener en yacht ou ne rien faire me semble infiniment plus plaisant. Mais il faut bien tenter, d'une façon ou d'une autre, de se distinguer de ses pareils. » Il envoie son œuvre à Bernard Frank, le copain de Sagan, celui qu'il a célébré dans *Arts*, comme « probablement le meilleur écrivain de sa génération ». Mais l'Ingrat l'étrille dans le même journal. « On dirait un petit chien qui jappe à tort et à travers... Un disque qui n'en finirait pas et qui buterait obstinément sur les mêmes mots : "Merci, mon Dieu, pour le soleil et la vie, la plage, le sable chaud, les femmes. Merci, mon Dieu, d'avoir songé à me créer. Merci, merci, merci." » Un jour, la musique ne sera plus ridicule, des milliers de gens l'écouteront même avec gratitude. En attendant, le jeune d'Ormesson est affreusement vexé.

On oublie tout sur la neige. « Le ski, c'est un vertige de bonheur, griffonne-t-il. Une irremplaçable ivresse. » Hiver 1958, Jean d'O rejoint Pascaline à Megève. Elle séjourne avec sa sœur dans le chalet des Béghin, lui est à l'hôtel. Retrouvailles sur les pistes un matin de grand soleil. Il skie à toute allure, sans style, en jean et chandail, elles portent des combinaisons de marque et maîtrisent la godille. « On fait connaissance, se souvient Françoise, d'un ton sec. Je me dis : qui c'est ce type ? Il a la voix perchée, il est imbu de lui-même, mal élevé en plus. Je me casse un doigt, et il ne me propose même pas son aide, il continue à skier. Un goujat pareil, je n'avais jamais vu ça … » Elle laisse filer un petit rire, l'air de penser « bien envoyé », puis réajuste son col roulé anthracite.

Il continue de s'accrocher à Pascaline quand un sérieux concurrent apparaît, un fils Ganay justement, l'un de ces aristos racés qui impressionnaient son père. Des fiançailles sont annoncées. Jean l'apprend par télégramme au château de l'ancienne amante restée protectrice, Nine de Montesquiou. Il éclate en sanglots.

Mais le jour du mariage de Pascaline, l'œil indigo étincelle à nouveau. Mme Béghin se méfie. Elle garde sa fille Françoise près d'elle et murmure au passage du conquistador : « Celle-là, vous n'y touchez pas, hein ? C'est une romantique. » Ces mots ont été dits dans la sacristie par une mère inquiète, qui mourra tôt, en 1966 ; Françoise ne les a jamais oubliés. Une larme minuscule mouille son visage : « La remarque de maman, c'était comme un défi pour Jean. Il adorait cela, c'était son grand jeu : tomber une fille à qui il ne plaisait pas. Il m'a invitée à dîner. Là, je l'ai trouvé fascinant. » Quel charme malgré le blond un peu roux, le « bec » de traviole et la voix de fausset. Il ne ressemble à aucun autre, il écrit la nuit, pétille le jour, toujours de bonne humeur, mille anecdotes, des citations en pagaille, des copains savoureux.

L'été 1960, Ferdinand Béghin a loué une villa au cap d'Antibes. Françoise est heureuse ; Jean est là, tout doré, radieux, partant pour se fiancer. « Trois jours après, se souvient-elle, il me dit : "C'est impossible." L'idée d'être fidèle à une seule femme lui était insupportable. » Soit. Fierté ravalée. Elle connaît les hommes. Chacun vit sa vie, mais les liens perdurent. Cette année-là, il publie *Un amour pour rien* ou les déambulations romaines d'un jeune Narcisse qui se prend pour Stendhal. Le voilà perdu entre deux femmes, une élégante à poigne, libre et sensuelle, baptisée Françoise, et une oie blanche qu'il confie, dans les dernières pages, à une faiseuse d'anges dans une clinique de Lausanne.

Quelque temps plus tard, à l'hiver 1962, Françoise est enceinte. « Je le dis tout de suite à Jean et lui demande : "Est-ce que tu reconnais l'enfant ?" Il me répond : "Bien sûr, mais tiens-tu vraiment à te marier ?" » C'est un oui, sans appel.

Mars 1962, il fait les cent pas dans la cour de l'immeuble de ses parents rue du Bac. Pensée pour son héros, Chateaubriand l'Enchanteur, marié quasiment de force, par intérêt, et cavaleur passionné jusqu'à son dernier souffle. Il s'est éteint tout près, au numéro 120, dans l'ancien hôtel des Missions étrangères. « Je ne peux pas faire ça, impossible », gémit Jean d'O devant son copain Pierre Celeyron. Il sait qu'à trente-sept ans bientôt, il est grand temps de se caser. Tout le monde le lui rappelle sans cesse, même sa mère adorée. Mais le mariage lui paraît une « abomination ». Pourquoi diable a-t-il dit oui dans un moment de faiblesse ? Il veut tout annuler. Pierre Celeyron le prend entre quatre yeux : « Ne fiche pas tout en l'air, Françoise est une perle. » « La femme la plus chic de Paris », souligne aussi Paul Morand, vieil arbitre des élégances.

Allez, ils ont raison. Cette fois, Jean ne fuira pas comme avec Charete. Il assume. Va pour le mariage. Son frère, Henry, joue alors les chefs de famille comme l'aurait fait son père s'il était encore de ce monde. Rendez-vous pris avec Ferdinand Béghin. À l'époque, le jeune d'Ormesson ne s'en vantait pas. Plus tard, il se fera un plaisir de romancer la scène de livres en interviews. Il me la rejoue pour le plaisir.

« Vous savez, je ne conseille à personne de prendre mon frère pour gendre...
— Il est malhonnête ?
— Non ?
— Il boit ?
— Non.
— Il fume ?
— Non. Mais il est d'une légèreté effrayante. »

Henry d'Ormesson fait comprendre au futur beau-père que sa fille risque de souffrir. Béghin, effrayé, rend compte de la discussion à Françoise. Il est encore temps de renoncer. À Venise, la comtesse Volpi, veuve de l'ancien ministre des Finances de Mussolini, et grande amie de la Callas, piaffe pour qu'elle épouse son fils, Giovanni. Des montagnes de diamants l'attendent, et un palais sur le Grand Canal. Françoise tient bon. « J'avais une certitude, confie-t-elle, regard au loin. Je savais qu'avec Jean je ne m'ennuierais jamais. Et ce fut le cas toute mon existence. » Il la prend comme elle est ; elle accepte son style de vie, tant pis pour les idéaux inculqués par les sœurs de Lübeck. Le partage et la fidélité peuvent s'entendre autrement. Mieux vaut vibrer et s'amuser. Ses amies l'entendent même dire, stupéfaites : « Je n'aurais pu épouser un homme dont je suis sûre. »

À vingt-cinq ans, l'héritière a du tempérament, et un certain sens de l'humour. Elle demande à l'ami Pierre Celeyron, qui fut couturier chez Nina Ricci, de lui confectionner un manteau jaune, pour couvrir sa courte robe blanche, et un bibi assorti à la Jacky Kennedy. Des jonquilles piquent son gros chignon noir. Son petit ventre ne se voit pas. Personne ne sait qu'elle est enceinte. « Je me suis mariée en jaune, le lendemain du 1er avril 1962 », me répète-t-elle, comme pour souligner la farce. Ce lundi printanier, Françoise marche vers Notre-Dame-de-Passy au bras de son père. « Enlève ton pardessus ridicule », lui ordonne-t-il. En vain.

« Elle portait un manteau jaune comme un chien que l'on fouette », écrira cinquante ans plus tard Jean d'Ormesson, avec un soupçon de tristesse. Pour l'heure, il fume le cigare sur le parvis de l'église, aux côtés de son témoin, Philippe Baer. Déjeuner au Ritz, discours improvisé de Maurice Herzog, alors secrétaire d'État à la Jeunesse et au Sport, à qui le marié, remis de sa trahison avec Nine, prête souvent sa plume. « Jean aurait mieux fait de l'écrire », ironise Baer. Les parents Béghin se demandent si leur drôle de gendre aura un jour un vrai boulot, autre que les colloques et les romans à l'eau de rose. Pascaline, qui pense déjà à divorcer, lasse du beau Ganay, affiche un sourire amer. Et Marie d'Ormesson, tout émue, regarde partir son fils en décapotable.

Jean embarque Françoise pour le lac de Côme où l'attend une conférence de l'Unesco. Il en aura ainsi toute sa vie aux quatre coins du monde, mêlant allegro plaisir et travail.

LE DERNIER ROI SOLEIL

Après une nuit au Bellagio, l'époux se lève aux aurores, revient une heure après : « Viens, on s'en va, ce colloque n'a aucun intérêt. » Le voyage de noces aura duré vingt-quatre heures.

« Je garde globalement de tout cela un souvenir épouvantable, me dit-il un dimanche. C'est une horreur ce qu'on m'a fait subir… Et j'ai été un mari exécrable. » Un bon mot, toujours pour édulcorer un peu : « Vous connaissez la formule : le mariage c'est quarante mauvaises années. Après, c'est mieux. » Il écrit dans *Je dirai malgré tout que cette vie fut belle* : « Je savais très bien, dès le premier jour, que je n'étais pas fait pour le mariage. J'aimais trop les tempêtes. Je le répétais sans cesse à Françoise. Je lui ressassais qu'il était plus dangereux pour une jeune fille d'épouser un écrivain qu'un pilote de chasse ou un coureur automobile. Parce que tout écrivain tiendra toujours moins à son bonheur qu'à ses manuscrits, quelque médiocres qu'ils puissent être. Et, pire encore, qu'il acceptera et recherchera aventures, tribulations et même malheurs avec l'espoir qu'ils pourraient être de nature à nourrir ses romans. Elle prenait les choses en riant et avec gaieté. Elle m'épatait. »

Sans doute Françoise espère-t-elle secrètement le convertir. Elle commence par changer sa garde-robe, lui achète des costumes en flanelle grise, comme Cary Grant, des cravates en tricot, et les fameuses chemises azur de chez Hilditch. Il lui faudra un peu de temps pour le convaincre de renoncer à la petite couronne ridicule qu'il aime faire broder à côté de ses initiales. La jeune mariée prend tout en charge et déniche leur futur nid : ce vaste hôtel particulier de Neuilly-sur-Seine, à la lisière du parc Saint-James, qu'elle achète et aménage entièrement. Là, loin de tout, loin du monde des lettres et des tentations, une famille pourra peut-être éclore sereinement. Jean d'O aurait préféré ne pas quitter son faubourg Saint-Germain, mais sa nonchalance l'empêche de batailler, d'autant que Françoise tient les finances. Et puis, l'idée d'écrire au soleil dans le jardin lui plaît bien.

En attendant la fin des travaux, le couple vit à l'hôtel Lancaster ; lui reste parfois dormir rue du Bac, chez sa mère. Un matin d'automne, Françoise perd les eaux. « Je lui demande de m'accompagner à l'Hôpital américain. Jean me répond qu'il ne peut pas, qu'il a une émission de télé. Je le supplie : "Sois gentil, après tu pourras t'en aller…" Le gynécologue, adorable, ne le retient pas : "Allez, monsieur, on va très bien se débrouiller sans vous." » Jean d'O n'a pas tout à fait la même version. « J'étais sûrement en Italie », prétend-il, comme toujours quand il s'éclipse.

Héloïse naît le 10 octobre 1962. Le père finit par se rendre à la maternité, probablement le lendemain. Il s'en souvient, sourire de chenapan. « Je vois un nouveau-né derrière les vitres. Je dis à une sage-femme : "Regardez, c'est ma fille !" Elle me répond : "Non, ce n'est pas celle-là !" Ça commençait bien. » La petite n'a pas ses yeux, elle ressemble à sa mère. Il faudra qu'elle apprenne à parler pour que Jean s'intéresse à elle, puis fonde littéralement. « J'ai été un père abominable, jure-t-il. *Aut Liberi, aut libri*, selon la formule de Nietzsche. » Soit des enfants, soit des livres, l'écrivain a choisi.

Souvent, nous reviendrons sur sa formule « un père abominable ». Un soir d'été, nous dînons dans une brasserie cossue de la place des Ternes. Fidèle à son amour des soupes, il a pris une bisque qu'il déguste du bout des lèvres. Le gruyère fond avec les croûtons. Nous parlons d'Héloïse dont j'ai fait la connaissance, et qui m'a plu immédiatement. Elle a sa joie de vivre à lui, la raideur tendre de sa mère, mais version boy-scout, franche, nature, sans vernis ni masque. « Papa », l'appelle-t-elle, avec un amour fou qui puise dans le soleil d'ormessonien et laisse délibérément les ombres. Dupe de rien, soucieuse d'aller de l'avant. « Oui je crois qu'Héloïse m'aime beaucoup, un peu trop peut-être, murmure-t-il. J'ai beaucoup de chance, elle est épatante. C'est ce que j'ai fait de mieux dans la vie. » Je lui parle de mon propre père qui a été peu présent bien qu'il soit un être exceptionnel. Ça arrive, les filles s'en sortent. Jean d'O pique du nez dans la rouille. La vie des autres l'intéresse assez peu, sauf, éventuellement, s'il s'y cache quelques amours parallèles. Il appelle le serveur pour qu'on le débarrasse, boit une gorgée d'eau, puis se redresse, digne dans son costume grège : « C'est assommant, la vieillesse... Vous savez Sophie, autrefois, j'étais bien mieux que ça, j'étais même assez irrésistible. » Je pense à la photo prise le jour de son mariage, retrouvée par une de ses amies. Il a les yeux perçants, menton mouche-du-coche, et ce cigare désinvolte au coin des lèvres qui souffle sur le petit visage crispé de Françoise. Aucune bonté, rien qu'une tension arrogante. À l'époque, il devait être horripilant. Le charme est venu avec l'âge.

Le « philosophe de nursery », l'appelle Gianni Agnelli dans les années 1960. Le milliardaire italien, héritier de Fiat, adore charrier Jean d'O quand il le voit écrire sur la plage en plein soleil. « Alors, tu révolutionnes la littérature ? » s'amuse-t-il, avec son irrésistible accent piémontais. Lui et son épouse, Marella, une princesse à la beauté froide, grâce de cygne, esthète jusqu'à l'obsession, sont de bons amis de Françoise. Ils l'invitent souvent, avec Jean, sur leur yacht, dans leur palais de Villefranche, la Leopolda, ancienne propriété du roi des Belges, dans leur chalet de Saint-Moritz ou leur fief sublimissime de Turin, villa Perosa, avec toute une bande de vacants, de pin-up, de fortunés. Il y a là un fils de banquier devenu photographe à *Paris*

Match, Benno Graziani, qui a inspiré à Fellini son paparazzo de *La dolce vita*. « Une splendeur d'homme, note Jean d'O. J'aurais tellement voulu lui ressembler. » Parfois passent aussi les amis américains, David Rockefeller, Jackie Kennedy, ou la voluptueuse Pamela Harriman, ex-belle-fille de Churchill et future ambassadrice des États-Unis en France.

Gianni la séduit, elle, comme les autres. Il règne en maestro tout-puissant, nez aquilin, crinière d'argent, peau cuivrée. « Viens, on va faire un tour à Capri », souffle-t-il parfois à Françoise. Sur la pelouse, l'hélicoptère est prêt à s'envoler. Jean d'O pousse toujours sa femme à vivre des aventures. « Ils partaient tous les deux, se souvient-il. Et moi je restais tranquillement à lire… ou avec les copines mannequins de Gianni. » Luxe, partage, volupté. L'amour sans vagues, bikinis et seins nus au soleil. Tout paraît simple sur les plages huppées ; Bardot fait fantasmer les hommes et libère les femmes.

Marie d'Ormesson mère, elle, serre fort son chapelet. Elle a désormais du mal à faire venir son « moustique » adoré en vacances à

Saint-Fargeau. Son frère, Henry, qui a rejoint l'état-major d'EDF, s'est fait construire une maison dans les bois alentour, fidèle au berceau familial. Jean, lui, ne fait que passer, un ou deux jours tout au plus, avant de filer vers Saint-Tropez ou la côte amalfitaine. Un courant d'air, comme *L'Homme pressé* de Morand, toujours sur les routes, à toute allure, au volant de son nouveau coupé Mercedes. La naissance d'Héloïse n'a rien changé à ses habitudes.

Parfois, dans l'eau turquoise de Méditerranée, sur le pont d'un ketch, ces somptueux voiliers sur lesquels il cabote en douce compagnie, les doutes le rongent. Il en fait des cauchemars à déchirer les oreillers. « Je me sentais comme un écrivain raté, me dit-il. Après trois livres, j'étais toujours aussi seul, mes parents, mes amis, tout le monde trouvait mes textes extrêmement faibles. » Benno Graziani n'a jamais soupçonné les vagues à l'âme de l'ami Jean. « Il offrait ses ouvrages à tout le monde et personne ne les lisait, mais il n'avait pas l'air d'en souffrir », se remémore le photographe, en mai 2017, dans son mausolée tout biscornu de la rue de Sèvres. À quatre-vingt-quinze ans passés, il a gardé fière allure, entouré par toutes les vedettes qu'il a sublimées dans son objectif, Ingrid Bergman, John Wayne, Audrey Hepburn, Jackie Kennedy, son amie, partout sur les murs. Vingt ans qu'il n'a pas revu Jean d'O, mais il pense souvent à lui avec tendresse. « Du temps d'Agnelli, il avait déjà une culture phénoménale et faisait rire tout le monde. Il tenait des tablées entières et se vantait de connaître les plus jolies filles de Paris. »

La comédie a peut-être assez duré. En 1966, publication d'*Au revoir et merci*, adieu à la littérature ou tentative ultime de faire reconnaître son talent. Une fois de plus, le romancier déambule dans sa bulle d'aristo gâté, égrène ses aïeux, et fait le bilan de sa vie. À trente-neuf ans. Goût du luxe et des belles choses assumé, il disserte sur l'argent « qui depuis toujours décide de tout, des carrières, des bonheurs, des existences, de l'histoire [...]. Ce qui me touchait beaucoup plus, c'était le destin de ces irréguliers comblés par la fortune pour n'avoir fait que ce qu'ils aimaient. Ils profitaient du monde et le monde leur donnait des moyens de profiter de lui. Les millions qui tombaient aux acclamations des foules, sur les chanteurs, sur les joueurs de base-ball, sur les publicitaires, sur des vedettes, sur les amuseurs et sur les courtisanes me paraissaient prodigieusement injustes mais fascinants. » Secrètement, plongé dans *Gatsby le Magnifique*, il rêve de marcher dans leurs pas. Il imagine un monde où l'on supprimerait l'héritage et où l'on instaurerait un salaire égal pour tous, « un monde sans ressorts, une plaine sans montagne... l'iniquité de toujours probablement remplacée par l'ennui ». Conclusion de l'aspirant philosophe : « Malgré ce que disent les pauvres, l'argent ne fait pas le bonheur des riches ! »

Les critiques sont réservées, Jacqueline Piatier, dans *Le Monde* du 28 mai 1966, repère ce « livre irritant et séduisant, plein et vide, désenchanté et gourmand », avant de regretter : « Les bonnes choses que Jean d'Ormesson a à dire, il les noie sous l'abondance des mots... On aimerait de temps en temps que

la parole se resserre, que la colère monte. »
Claudine Jardin du *Figaro littéraire* est quant
à elle « consternée de le sentir à la fois si mal
à l'aise et si à l'aise dans son petit monde. On
a l'impression qu'il n'en sortira jamais ».
Nouvel échec en librairie, le romancier jette
l'éponge : « J'arrête, annonce-t-il. C'est fini. »
Ses copains de *farniente* ont du mal à le croire.
Leur Jeannot, toujours greffé à son stylo au
bord de la piscine, pas le genre à capituler
comme ça...

D'ailleurs, il récidive. Mai 1968, alors
que la jeunesse gronde sur les barricades, il
donne encore une bluette, inspirée de ses escapades chez les Agnelli. *Les Illusions de la mer*
(Julliard) racontent une soirée sur un trois-
mâts, le *Cygne-Noir*, voguant au rythme d'une
faune tape-à-l'œil, « ruisselante d'argent »,
enrichie dans la banque, le pétrole, le cinéma.
Splendeur des femmes, platitudes au champagne, liaisons, passions, trahisons, enchevêtrement des destins... « Il flottait, dans l'éclat
des plaisirs, comme un âcre parfum de douleurs et de chagrins que la musique déchaînée, le trépignement frénétique, les boissons

LE DERNIER ROI SOLEIL

et l'ivresse n'étaient, sans doute, chargés que de dissiper. […] La fête n'était qu'une image du monde : tout y était tendresse et abomination. » Il faut s'accrocher pour aller au bout des trois cent seize pages. Jean d'O m'avait prévenue. « C'est épouvantable, j'ai honte. Jurez-moi de ne jamais lire ça. » Ce jour-là, il ne faisait pas son coquet.

Sa carrière de journaliste aussi peine à décoller. Le patron de *France-Soir*, Pierre Lazareff, qui a repéré son style alerte dans *Arts*, lui a commandé quelques articles pour son supplément *Paris-presse* et veut l'envoyer à Rome interviewer le pape. Jean d'Ormesson tergiverse, puis décline : « Ça m'a paru impossible, se souvient-il, j'ai eu peur. » Craint-il alors de tomber sur les amis de l'oncle Wladimir, bien introduit au Vatican, même s'il n'est plus ambassadeur ? Pas seulement : la confrontation journalistique l'angoisse, comme les reportages. Il préfère de loin éditorialiser.

Printemps 1969, grand hôtel des Palmes, Palerme, pour un colloque de l'Unesco. Au petit déjeuner, face à une « fiancée blonde », précise-t-il, il lit dans *L'Express* un article de son fondateur, Jean-Jacques Servan-Schreiber, commentant la victoire du « non » au référendum gaullien : « Pour la première fois, je suis fier d'être français », écrit le journaliste. Jean d'O connaît un peu JJSS ; il l'a croisé dans les cercles de Lazareff, mais ni lui, ni Françoise Giroud, qui dirige la rédaction, ne l'ont jamais vraiment pris au sérieux. C'est l'occasion de montrer de quoi il est capable. Le romancier part s'enfermer dans sa chambre et concocte une réponse envoyée au *Figaro*, avec l'espoir d'être publié. « Mon cher Jean-Jacques, voilà longtemps déjà que nous nous connaissons. Je me suis pourtant demandé hier quel âge tu pouvais bien avoir. J'ai beaucoup de sympathie pour toi, et un peu d'admiration envieuse pour les qualités qui ont fait ton succès. Et toi, je crois, tu as de l'indulgence pour moi, et pour les défauts qui n'ont pas fait le mien. Pour la première fois, écris-tu, pour la première fois dans la vie d'un homme de ma génération, on peut être fier de son pays... Je me suis frotté les yeux, j'ai relu de nouveau. Rien à faire... Les bras m'en sont tombés... » Jean d'Ormesson, lui, dit avoir été fier d'être français le jour où, à la radio anglaise, « un obscur général à titre temporaire avait prononcé quelques mots ». Souvenir de la Libération, sur le balcon du *Figaro* où l'avait emmené l'oncle Wladimir : « C'était un peuple qui défilait. Il y avait les facteurs et les policiers, et les ménagères et les dames d'œuvres... Ah non, ceux qui sont nés après 1944 ne savent pas ce qu'étaient alors le bonheur et l'honneur de la fierté. Mais mon cher Jean-Jacques, tu étais né toi aussi ? Tu as tout à fait le droit d'être contre un régime et contre un homme : je me ferais volontiers tuer pour que tu aies ce droit-là. Et je persiste à croire que c'est pour que tu aies précisément ce droit-là que l'homme dont la chute te rend enfin si fier a joué et perdu. » Jusqu'ici, Jean d'O avait tout traversé, les guerres de décolonisation, le conflit sanglant d'Algérie, mai 1968, sans écrire un mot. Les bouleversements du monde lui passaient au-dessus du cigare. Il n'a pas fait son service militaire, juste un stage de deux mois chez les parachutistes de Vannes imposé par son oncle, Pierre de Chevigné, quand il était secrétaire d'État à la Guerre. Quelques sauts les yeux fermés, de quoi briller dans les dîners en ville. Mais le départ du Général agite sa conscience. À quarante-quatre ans, il se réveille.

Baptême du feu politique et première publication dans *Le Figaro*, ce journal auquel tout le destinait. Le nom d'Ormesson y est gravé dans le marbre, après tous ces éditos signés par Wladimir, chaque semaine ou presque, depuis les années 1930. Le vieil académicien, nommé par de Gaulle à l'ORTF, contre Malraux, s'adoucit avec l'âge. Sa foi l'amène non pas à pardonner, mais à panser un peu sa haine contre Jean le volage. Il n'est pas mécontent, après tout, de le voir percer, pour la pérennité du blason, pour la mémoire de son frère, alors que la plupart de ses enfants, eux, continuent de lui en vouloir. Surtout, *Le Figaro* est aux mains, depuis 1950, du père de Françoise, Ferdinand Béghin, administrateur et coactionnaire avec Jean Prouvost. Les vents sont porteurs même s'il n'y a sans doute pas eu de pression familiale pour ce premier article parfait pour un journal de droite.

Le Figaro du 2 mai 1969 est livré au grand hôtel des Palmes. Sur la terrasse, pieds nus dans ses mocassins achetés en série chez Gatto, le célèbre bottier de Rome, Jean pavoise auprès de sa blonde. Ça y est : il fait son entrée dans la grande presse.

Le temps est venu de conquérir le monde des lettres. Sortir l'artillerie lourde pour se faire enfin respecter. Assez de « mes petits romans à deux sous où trois personnages couraient en rond les uns après les autres et toujours autour de moi ». Jean d'O veut un « livre défi » qui épate enfin ses amis normaliens, ses maîtres, Caillois, Morand et tous les autres. Il cherche. L'idée d'écrire sur un empire imaginaire germe lors d'un autre colloque sur la civilisation byzantine. Il se rend compte qu'il accumule peu à peu, à l'Unesco, une incroyable matière, entre les rencontres, les séminaires, les lectures pour *Diogène* dans tous les champs des sciences humaines, les voyages entrepris, Chine, Perse, Afghanistan, Grèce, seul ou avec le délicieux Ronald Syme, un historien d'Oxford, spécialiste de l'Antiquité qui peaufine sa culture et le séduit, en tout bien tout honneur. « C'est ainsi, me glisse Jean d'O entre deux leçons sur Alexandre le Grand et la ligue de Corinthe. J'ai toujours plu aux homosexuels. À Normale Sup, déjà, un copain avait essayé de me convertir, en me disant : "Ce n'est pas parce que je t'enculerais trois, quatre fois que tu passerais de l'autre côté." Syme, c'était autre chose, la grande classe, il ne m'a jamais fait ouvertement d'avances... »

Le romancier potasse à la Bibliothèque nationale, assemble ses connaissances et laisse filer son imagination. Un empire émerge, déchiré entre deux familles rivales, les Porphyre et les Venosta, menacé par les barbares, bouleversé au fil des siècles, et magnifié sous l'autorité d'un despote éclairé, Alexis, curieux condensé d'Alexandre, Constantin, Charles Quint, Pierre le Grand, Mao et de Gaulle. Le récit historique digne de Malet et Isaac, plein de bruits, de fureurs, d'intrigues, est truffé de canulars. « Tout ce qui est vrai est faux », prévient l'auteur, qui s'amuse même à constituer des notes de bas de page fictives, des cartes, des croquis, des arbres généalogiques. « L'histoire est une nécessité accidentelle..., indique-t-il. Juste Dion écrit très bien que l'historien se révèle ainsi dans son œuvre plus puissant que Dieu même. Car Dieu n'est maître que de l'avenir : le passé lui échappe. Mais l'historien entre alors en scène et il se substitue à Dieu. L'histoire est une seconde création, et elle est l'œuvre de l'homme [...]. Cette résurrection d'un passé à jamais intangible et pourtant toujours inachevé est une tâche infinie : nous portons tous en nous le passé du monde et nous n'y trouvons que ce que nous y mettons. » D'Ormesson, démiurge, brasse tous les âges de l'humanité, la rivalité de Sparte et d'Athènes, l'histoire de l'Église, les Croisades, l'invasion des Huns, l'épopée napoléonienne ; il fait revivre les soldats de Rodéric, les brigands ouïgours, les courtisanes d'Alexandrie, tout en citant Cervantès, Gide, Proust, Maurois, Saint-John Perse... Vertigineuse épopée tissée nuit et jour pendant plus de trois ans. « Je m'endormais dessus », glousse-t-il.

Puisque son éditeur historique, René Julliard, est mort, il porte *La Gloire de l'Empire* au patron de Grasset, Bernard Privat, qui cale sur les huit cents pages du manuscrit. Déçu, il ose alors les déposer sur le bureau de son patron à l'Unesco. Roger Caillois les avale d'un trait : « Il y a vingt-cinq ans que je n'avais pas lu un aussi beau livre. » Michel Mohrt aussi est conquis. Ils défendent le manuscrit devant le comité de lecture de Gallimard. Contrat signé. Publication en septembre 1971, dans la prestigieuse collection « Blanche ».

Et c'est une pluie d'éloges. Les amis évidemment s'inclinent, Paul Morand et son inséparable Maurice Rheims, le célèbre commissaire-priseur, roi du marché de l'art, devenu intime de Jean et Françoise. Nourissier, dans *Le Point*, décèle du Borges dans l'œuvre. Romain Gary, dans *France-Soir*, admire les « dons de peintre » ; Matthieu Galey, d'ordinaire acide, se demande comment « cette tumeur a pu se développer dans le cerveau du romancier qui passait pour sage... Ce lettré s'est libéré avec volupté de ce qu'il avait amassé de connaissances, tout en s'amusant à bâtir une extraordinaire construction de faux-semblants ». Même

LE DERNIER ROI SOLEIL

l'historien Jacques Le Goff salue, dans *Le Nouvel Observateur*, ce « maître de l'embrouille », et son « œuvre pionnière ». La consécration, enfin, de la bouche du président de la République en personne : « Jean, c'est formidable. Je ne savais pas que vous écriviez », souffle Georges Pompidou lors d'un dîner organisé après la sortie du livre. Lui et sa femme gravitent depuis longtemps dans les mêmes cercles que les d'Ormesson, autour des mêmes amis, Victoire de Montesquiou, Éric et Philippine de Rothschild, Maurice Rheims, qui initie alors Pompidou à l'art moderne. Les talents littéraires de Jean d'O sautent enfin aux yeux du Président normalien. Désormais, ce sera table ouverte à l'Élysée.

Adieu l'humiliation et les silences, Jean d'Ormesson devient un écrivain, sacré par le grand prix du roman de l'Académie française, seule grande décoration littéraire de sa longue carrière. Cent quarante mille exemplaires vendus, une traduction américaine, les offres de collaboration pour des journaux pleuvent, il exulte : « On me propose des ponts d'or. » Le voici sur un plateau de télé, chez Maxim's, invité par Philippe Bouvard qui le présente comme l'inventeur d'un genre littéraire nouveau. « Oui, c'est de l'histoire-fiction en quelque sorte… On peut lire mon livre comme une espèce de western ou de bande dessinée, indique le jeune couronné. La mystification, c'est très sérieux, vous savez ! » Qu'il est content de lui, costume-cravate, appuyant les ô et les â de sa voix snobinarde. Le public se crispe puis rit franchement à mesure que l'aristo torpille de l'anecdote savante, ou légèrement grivoise. Derrière leur petit écran, les Français découvrent les « yeux à l'oxyde de cobalt » qui fascinent tant Morand.

C'est lui, le mentor devenu Immortel en 1968, malgré l'opposition du général de Gaulle, qui pousse Jean d'O à se présenter sous la Coupole. Il serait le benjamin de l'assemblée, succès garanti. Les amis Roger Caillois, Jacques Rueff, Marcel Pagnol, Jacques de Lacretelle, Maurice Druon… pèseront de tout leur poids pour le faire élire. Jean d'O affecte, comme souvent, d'avoir été porté par les autres. « Paul

LE DERNIER ROI SOLEIL

Morand m'appelait tous les jours : "As-tu envoyé ta lettre à l'Académie ?" Il était très pressé. Alors bon... j'ai envoyé ma candidature. » En réalité, il rêve depuis toujours du Quai de Conti. « Dès mes premiers livres, et alors que personne ne pensait à moi pour un fauteuil, j'ai annoncé que j'y entrerais », confessera-t-il dans *Garçon de quoi écrire*. L'entreprise est menée au pas de charge. Chaque académicien est gratifié d'une lettre personnalisée, avant de recevoir une visite, comme le veut l'usage. Il faut doubler l'adversaire Paul Guth, un fils de mécanicien, agrégé de lettres, connu pour ses *Mémoires d'un naïf*, déclinés avec succès en sept volumes. « Je suis dans le creux de la vague, s'inquiète l'aristocrate. Guth se démène... on lui donne beaucoup de voix... » Il craint que le vieil oncle Wladimir, pilier du Quai de Conti, ne lui mette encore des bâtons dans les roues, sans se douter que la mort l'emportera un mois avant l'élection. Ça l'angoisse, ça l'excite comme une partie d'échecs, il soupèse les forces en présence, calcule, manigance. Françoise assure la logistique, lors de nombreux déjeuners et dîners à Neuilly. Morand raconte dans son *Journal inutile* les efforts déployés jusqu'à l'élection, le jeudi 19 octobre 1973. Coup de fil à son protégé deux jours avant : « Où serez-vous, jeudi ? – Chez moi, répond Jean d'O. Du champagne ou une bassinoire pour pleurer. » Il est élu au premier tour, avec 16 voix, 7 pour Guth, 8 bulletins blancs marqués d'une croix. Le fauteuil numéro 12, autrefois occupé par Jules Romains, l'attend. Victoire après une campagne éclair, « une vingtaine de jours à peine », se vantera-t-il dans *Playboy*. Sa mère n'en croit pas ses yeux.

Le choc pétrolier secoue la France et Jean d'Ormesson court de succès en succès. Février 1974, son nom circule pour prendre la tête du *Figaro*. L'écrivain n'a jamais dirigé un quotidien, son expérience de journaliste est quasi inexistante... Stupeur dans la rédaction mais le propriétaire, Jean Prouvost, quatre-vingt-neuf ans, semble décidé. « C'est son idée », me dit Jean d'O, sans s'attarder sur ses discussions avec le vieux Citizen Kane. Il en parle comme si, une fois de plus, il s'était laissé embarquer presque malgré lui dans cette aventure. Une précision tout de même : « La légende circule selon laquelle je devrais ma place à mon beau-père. Rien n'est plus sot : il était alors sorti du capital du *Figaro*. » C'est exact, la direction n'aurait d'ailleurs jamais pu lui être proposée si Ferdinand Béghin avait été encore actionnaire. Le mélange des genres eût été trop flagrant, d'autant que l'industriel est parfois accusé, à mots couverts, d'utiliser le journal pour ses affaires. Les articles sur le secteur du sucre ont créé quelques remous dans la rédaction.

Béghin a cédé ses parts en 1973, alors qu'il fusionnait son groupe avec un concurrent d'origine nantaise, Say. Soutenu par les pouvoirs publics qui l'ont aidé à contrer l'offensive d'un fonds anglais, il a pris les commandes du géant Béghin-Say, bientôt premier producteur sucrier en Europe, et l'un des plus importants fabricants de papier. Il entend lui consacrer toute son énergie, et a ainsi vendu les intérêts constitués dans la presse, depuis un demi-siècle, avec l'ami Prouvost.

Les deux associés ont eu, à la fin, quelques désaccords sur la gestion du *Figaro* ; Béghin, toujours le nez dans les comptes, s'inquiétait des pertes ; son ami roubaisien, qui se prend pour un journaliste, ne parlait que rubriques nouvelles et reprise en main. À ses yeux, le quotidien, fortement concurrencé par *Le*

Monde, mérite simplement un coup de fouet. Il se réjouit de racheter la totalité du capital.

Désormais seul maître à bord, il est décidé à s'immiscer enfin dans la rédaction ; encore faut-il modifier les statuts qui empêchent toute intrusion de l'actionnaire. Ses premières tentatives, à la fin des années 1960, ont été bloquées, au prix de sérieuses crises internes et de grèves. L'inflexible directeur, Pierre Brisson, tenait bon, comme son successeur, Louis Gabriel-Robinet. Mais une maladie grave l'empêche de continuer et il faut, en ce début 1974, désigner un nouveau directeur. Nul n'est mieux placé que le philosophe Raymond Aron, cet ancien résistant, libéral, atlantiste, adversaire résolu de Sartre après avoir fondé avec lui *Les Temps modernes*, professeur émérite au Collège de France, auteur de nombreux ouvrages dont le célèbre *Opium des intellectuels*. Mais il a déjà près de soixante-dix ans et Prouvost, à qui il s'est souvent heurté, ne veut pas de sa candidature. Faute de pouvoir diriger lui-même le journal, le magnat jette son dévolu sur Jean d'Ormesson. Il l'a croisé le dimanche au Cœur-Volant, le manoir de son ancien complice de *France-Soir*, Pierre Lazareff ; il l'a surtout vu de nombreuses fois à Paris, rue Octave-Feuillet, chez son associé Ferdinand Béghin.

« Mes filles m'ont ramené trois incapables », gémit l'empereur du sucre, dépité de n'avoir aucun gendre entrepreneur, mais Prouvost, lui, trouve de nombreuses qualités au mari de Françoise. Ce nom déjà glorieux au *Figaro*, grâce à Wladimir, le bel esprit français, l'érudition, l'aisance sociale, les yeux bleus et ce titre tout chaud de « plus jeune académicien de France ». Un coup de poker qui vaut la peine d'être tenté. « Jean » sera forcément plus souple, plus malléable, plus joueur qu'un journaliste traditionnel. La télévision, qui le réclame depuis *La Gloire de l'Empire*, et l'Académie lui confèrent déjà une petite notoriété. Dans un portrait assez flatteur, *Le Point* s'amuse de son « dilettantisme chevronné ».

Jean d'O ne prend pas pour autant les choses à la légère. La rédaction dispose d'une minorité de blocage au sein du conseil de surveillance qui doit valider sa nomination. Sans son accord, rien n'est possible. Il faut donc préparer le terrain. Il sollicite une audience auprès de Raymond Aron, l'oncle de son vieux copain de classe à Clermont, qu'il a croisé dans les cercles intellectuels et invité, en 1968, à un colloque de l'Unesco consacré à Marx. L'éditorialiste est dans de bonnes dispositions : pas question de se présenter contre lui et il le soutiendra même, si nécessaire. « Je rassurai la rédaction, écrit-il dans ses *Mémoires*. Personne ne lui connaissait d'opinions arrêtées ou originales, en politique ou en économie... » Jean d'O, lui, a imaginé le rapport d'Aron devant les journalistes, avec son éternel sens de l'autodérision. Le numéro est rôdé depuis un demi-siècle, à chaque évocation de son entrée au *Figaro*. « Il n'est pas tout à fait stupide. Votez pour lui ! Il a des opinions très fermes mais assez vagues. Votez pour lui ! Il est d'une ignorance encyclopédique. Votez pour lui ! » Deux délégués des journalistes viennent lui rendre visite à l'Unesco, dans son bureau en bazar. Verdict, à nouveau rapporté par Jean d'O : « Il a les yeux de Michèle Morgan et le nez de Raymond Aron. » L'art de romancer l'emporte toujours... De toute façon, il n'y a pas d'autre candidat. Élection à l'unanimité le 19 février 1974.

« Un rêve éveillé », jubile l'écrivain. À l'aube de la cinquantaine, enfin, tout lui réussit. Le voilà déposé chaque matin par un chauffeur au rond-point des Champs-Élysées. Bureau princier, ovale, avec large balcon et vue imprenable : d'un côté, la plus belle avenue du monde, de l'autre, la place de la Concorde. Il se fait livrer un grand canapé en cuir, appelle sa mère, son frère, ses amis pour qu'ils viennent voir. Frisson d'adrénaline dans un nuage d'*Eau de Lanvin*, le parfum de l'illustre Pierre Brisson qu'il porte comme une seconde peau. Ceux qui se souviennent du mépris du défunt directeur à l'égard du neveu de Wladimir se pincent. « Ça y est, il se prend pour le patron », s'amuse-t-on dans les couloirs.

Le 21 février 1974, Jean d'Ormesson signe son premier édito titré « Entrer dans l'avenir ». « C'est une tâche exaltante mais difficile de diriger aujourd'hui *Le Figaro*... », note-t-il avant de rappeler les valeurs du journal : libéralisme, ouverture, droits de l'homme, fermeté, sens de l'État, défense de l'idée européenne. Plus de trois cents journalistes le jaugent, entrée consensuelle, ronds de jambe et compliments à chacun, suivie de quelques faux pas. Il recrute l'ancien responsable du service de presse de l'Élysée, contre l'avis du chef du service politique qui rend aussitôt son tablier ; il cède aux vieux académiciens du service littéraire, furieux qu'un trentenaire, Bernard Pivot, prenne la direction d'un vaste ensemble culture. Nouvelle démission ; Pivot s'en va avec de jolies indemnités accordées par Prouvost. Jean d'O, lui, ne voulait pas lâcher un sou. Le critique littéraire s'offre ainsi, dans sa maison du Beaujolais, une piscine officiellement baptisée d'une plaque « Jean d'Ormesson ». Bel hommage au directeur qui, malgré lui, en l'incitant à quitter la presse écrite, l'a propulsé à la télévision. Il l'invitera vingt-six fois sur le plateau d'*Apostrophes*.

En attendant, ce départ est une perte pour *Le Figaro*, le petit monde des lettres s'en émeut, même Morand le regrette. Dieu qu'il est dur de contenter tout le monde. Le patron déteste les conflits, il souffre. Ses assistantes, lasses de ses retards, veulent lui offrir une montre, il hurle. Et l'actualité le met sous tension : le 2 avril 1974, Pompidou meurt. Il a succombé à une leucémie ; Jean d'O l'avait vu quelques semaines plus tôt, tout boursouflé, à l'Élysée. La nécro lui vient naturellement : « Qu'il reste dans notre souvenir comme l'image de l'abnégation civique et de l'unité nationale ! » écrit-il en une. Mais quelle ligne imprimer désormais au journal, qui soutenir ? Jacques Chaban-Delmas, qui a annoncé sa candidature sur le cercueil présidentiel encore couvert de roses, ou Valéry Giscard d'Estaing, le ministre des Finances, côtoyé tout petit dans les goûters d'enfance, puis dans la bande de Nine de Montesquiou ? Une partie de la rédaction est même tentée par François Mitterrand. Eh oui, il y a des rebelles au *Figaro*, les « gauchistes » qui font régulièrement tourner

Jean d'O en bourrique. Un matin, ils ont même prétendu avoir perdu un article de son vieux copain Druon ; à l'époque il n'y a pas d'informatique, pas de copie et le directeur a dû hurler pour que le texte réapparaisse. La campagne accentue les divisions dans l'équipe. Comme souvent, le nouveau directeur s'en remet à Raymond Aron, qui défend une ligne médiane : neutralité affichée pendant la campagne avec, chaque jour, un article consacré à la majorité et un pour le candidat socialiste. Au premier tour, appel à faire barrage contre Mitterrand. Au second tour, engagement clair en faveur de Giscard. Jean d'O se laisse convaincre. Il critique le candidat « socialo-communiste » : « Avec sa souplesse et ses intrigues parmi les amis de Staline, avec ses ruses florentines parmi les héritiers des procès de Moscou, Mitterrand à l'Élysée, ce serait Jaurès à Prague et Kerenski chez les Médicis... » La plume coule allègrement, la politique le passionne et, en ce printemps 1974, son cœur bat à cent à l'heure.

« Je suis amoureux », a-t-il annoncé à son amie, Frédérique, la femme de Jean-François Deniau. Confidence troublée dans un café du Trocadéro, un matin printanier, avant de foncer au *Figaro*. Il est rare que « Jeannot », si secret, s'épanche de la sorte. Le coup de foudre a eu lieu au lendemain du décès de Pompidou, le 4 avril 1974, lors d'un déjeuner chez son éditeur, Claude Gallimard. Autour de la table, Paul Morand, toujours étique et sarcastique, François Nourissier, regard ébène désenchanté, Romain Gary, bien silencieux ; le patron de RTL, Jean Farran, pose les questions avec Jacqueline Piatier, sa redoutée consœur du *Monde des livres*. Jean d'O, en patron de presse, se réjouit de la sortie imminente de son nouveau roman. C'est une chronique d'un monde en voie d'extinction, le sien, dans un château inspiré de Saint-Fargeau. Splendide réminiscence, ironique et tendre, au moment où le fief familial, morcelé par les successions, est mis en vente. Quelques années plus tôt, Jean d'O a sollicité le ministre de la Culture André Malraux pour que l'État le reprenne. En vain. Seul Béghin aurait eu les moyens de le racheter, mais ce gouffre moyenâgeux ne l'inspire pas. Son épouse, morte en 1966, lui a déjà légué un château en Suisse, Vogelhaus, près de Fribourg, et il est en quête d'une propriété sur la Riviera.

Adieu Saint-Fargeau ! Marie d'Ormesson pleure, et son fils sèche ses larmes en lui offrant son plus beau livre. Quatre cent cinquante pages haletantes. *Au plaisir de Dieu*, selon la devise des aïeux, celle qu'il a retrouvée gravée à Rome sur le petit oratoire de son église chérie, San Giovanni a Porta Latina. Il le dédie à son père, et à l'oncle Wladimir. Avant la sortie en librairie, les critiques littéraires sont enthousiastes. Même le journaliste de *L'Humanité* est conquis. Claude Gallimard sait qu'il tient un immense succès, encore plus grand que *La Gloire de l'Empire*. Son épouse, Simone, est heureuse de ce déjeuner. Elle tient à ce que Jean d'O passe un bon moment et a placé à côté de lui une de ses protégées, attachée de presse au Mercure de France.

Elle porte un prénom rare, Malcy, qui carillonne comme sa voix, et un nom naturellement porté vers la grâce : Ozannat. Yeux myosotis, peau de lait, minois adorable... Une timidité touchante alors qu'elle est la fille d'un baron de la République, Olivier Guichard, alors ministre de l'Équipement et de l'Aménagement du territoire et futur garde des Sceaux. Vingt-neuf ans à peine, vingt ans de moins que Jean d'O... « Je pourrais être votre père », souffle-t-il, pour mieux vaincre les défenses. Rien ne l'arrête, ni l'alliance de la jeune femme, ni le petit garçon de deux ans dont elle parle à demi-mot. L'adversité le dope. Il prend son numéro. Cour assidue, lettres et brassées de roses. Un amour secret éclôt.

Au même moment, Françoise fait graver à l'or fin les cartons pour la remise de l'épée de son mari, fixée huit jours avant son entrée sous la Coupole. « La comtesse d'Ormesson recevra le mardi 28 mai à partir de 17 h 30 au château d'Ormesson », précise l'invitation, avec un itinéraire pour s'y rendre en voiture depuis la place de la Concorde. Décidément, l'Académie fait des miracles. Jean d'O n'était pas retourné dans le fief de ses ancêtres depuis l'affaire Charete. Wladimir l'en avait banni, mais il n'est plus là. L'un de ses fils, André, le plus rebelle, a hérité du château et ça l'amuse d'accueillir à nouveau l'ancien cousin volage pour célébrer son accession à l'immortalité. Et tant pis si le reste de la famille déserte la cérémonie, si Antoine, le mari trahi de la belle Charete, n'est pas près de pardonner. Comme au temps de Diderot, Ormesson va de nouveau resplendir avec le Tout-Paris des lettres et de la politique.

Françoise a choisi le traiteur, arrangé les bouquets, peaufiné les moindres détails. Elle a pris de l'assurance depuis qu'elle travaille chez Lotus, dernière acquisition du paternel avec l'entreprise Kleenex. Premiers pas dans la boutique de papiers fins, avenue Montaigne, avant de faire le tour des usines et d'intégrer quelque temps le département publicité, en forçant un peu la main de Béghin qui, devant ses employés, l'appelle sèchement « madame d'Ormesson ». Au moins reconnaît-il les qualités de maîtresse de maison de sa seconde fille. Françoise sait recevoir, son mari peut dormir tranquille. Il débarque au château au dernier moment, au volant de son coupé Mercedes.

« Tiens, oncle Jean, on te croyait mort ! » rient les petits-neveux dans la cour. Il enfile son lourd costume brodé de rameaux d'olivier vert et or. Visage soudain solennel, sous l'œil complice des copains, Baer, Herzog, Deniau, et Celeyron, le clown triste des fêtes parisiennes, toujours rue du Bac, éternel célibataire. Sur la pelouse se pressent pourtant des splendeurs, Anne-Aymone Giscard d'Estaing, toute nouvelle Première dame, accompagnée de Jackie Kennedy. Des élégantes en soies colorées et des jeunes filles en fleur. Maurice Rheims regarde Françoise s'affairer, majestueuse comme une gravure de *Vogue*. Ferdinand Béghin, l'œil sur les serveuses, trinque avec Edgar Faure, le président de l'Assemblée nationale. Défilé de Rolls, chapeaux à voilette, baisemains, chevalières... « Au lendemain de la victoire giscardienne, c'est la première sortie des nantis après l'angoisse », note Matthieu Galey dans son journal. Même la très respectable Hélène Carrère d'Encausse écarquille les yeux. L'historienne, amie éloignée de la famille, découvre alors Jean d'O sans imaginer qu'ils se retrouveront quinze ans plus tard à l'Académie, où elle sera élue puis nommée Secrétaire perpétuel. « On était après 1968 et à Ormesson, rien n'avait changé, se souvient-elle, langue fine et taille de guêpe sanglée Chanel, dans son somptueux appartement de fonction du quai de Conti. J'observais la survivance de cette société, de cette France qui venait du plus profond de l'histoire dont Jean est le parfait représentant. »

Le voici devant le président du Conseil constitutionnel, Gaston Palewski, qui lui remet son épée d'académicien. « Une arme de combat », dit-il. Tout est là, finement gravé sur le métal doré : les lys des armes de la famille d'Ormesson sur le pommeau, à l'extrémité une lanterne en hommage à Diogène, une chouette philosophe perchée sur la garde et à côté, le château perdu de sa mère. Jean s'incline. Communion solennelle à l'ombre des ancêtres. Si seulement, du haut du ciel, son père pouvait l'apercevoir. « J'ai fait tout ça pour lui, me confesse-t-il un dimanche d'automne. À ses yeux, la littérature tenait presque du music-hall mais il était sensible aux institutions. L'Académie, *Le Figaro*, c'étaient autant de fleurs déposées sur sa tombe. » Je souris ; ces « hochets de gloire », comme il les appelle, Jean d'O les a aussi désirés, exploités, adorés. Il lit dans mes pensées, pose sa petite main noueuse sur la mienne : « Vous savez, il n'est pas interdit d'aimer ce qu'on méprise. »

Vertige de la rhétorique, ce soir, en quittant Neuilly, je me sens noyée sous l'habileté des mots. Ils disent tout et son contraire, changent d'un jour à l'autre, valsent avec cynisme et grâce. Quelle valeur leur accorder ? Comment esquisser un portrait de l'homme au plus près de sa vérité puisqu'il la cache sans cesse, sous les citations et les masques ? « Au fond, rien n'a d'importance, me dit-il. J'ai menti toute ma vie, j'ai souvent été tenté par le "à quoi bonisme". » Ce dimanche, moi aussi. La nuit tombe et le bus 43 m'emporte. Besoin de retrouver Paris, la vie, les rires des enfants. Je ne sais pas si ce livre existera.

Alourdi par le costume intégral – cape, épée, bicorne –, Jean d'Ormesson pénètre à petits pas dans la cour pavée de l'Institut de

LE DERNIER ROI SOLEIL

France le 6 juin 1974. Gloire devant la Garde républicaine à cheval, sabre au clair. Un mot lui a été remis en cadeau de bienvenue, selon l'usage, avec une définition de l'Académie que l'on dirait écrite pour lui : « Destinée : puissance suprême qui semble tirer les ficelles de l'existence. » L'épouse du Président de la République, drapée dans une robe de taffetas blanche, prend place, roulement de tambours. C'est au récipiendaire de prendre la parole pour l'hommage à son prédécesseur, Jules Romains. Il commence par d'interminables courbettes : « Messieurs, frappés de rayons bien inégaux ceux que vous distinguez, j'aurais mauvaise grâce à m'étonner de ces variations qui vous sont parfois reprochées puisque c'est à elles que je dois d'abord d'être aujourd'hui parmi vous. Valincour succède à Racine, Gros de Boze à Fénelon, et Chateaubriand à Montesquieu. Voilà que, fidèle sans doute à l'esprit d'alternance de ces exercices en dents de scie, j'occupe à mon tour le fauteuil de Jules Romains. Je pourrais poursuivre longtemps cet exercice traditionnel et liminaire de la *deprecatio* chère aux Anciens et de l'humilité plus ou moins feinte [...]. Je voudrais me hâter de délaisser les politesses et les bagatelles cérémonieuses du seuil pour aborder sans retard tout ce qui fait le sel, la force, la dignité de l'aventure humaine et qu'illustre avec tant d'éclat le grand nom de Jules Romains... » Devant les Immortels aux cheveux d'argent, il a l'air d'un gamin, ravi de louer le canular et la camaraderie virile, en citant Knock et *Les Copains*. On rit un peu, on bâille, il n'a pas l'air pressé de laisser le micro pour écouter son éloge. Puisque Paul Morand, prétextant une grande fatigue, a décliné l'exercice, Jean d'O a sollicité un fidèle du *Figaro*. Thierry Maulnier, ancien de l'Action française, proche de Brasillach et de Drieu la Rochelle, vichyste chevronné reconverti dans la nouvelle droite, par haine des « gauchistes de 1968 ». Il demande s'il faut appeler l'élu monsieur le Comte, camarade ou patron... « Vous êtes et resterez sans doute assez longtemps le plus jeune d'entre nous. Mais votre nom est plus anciennement connu que cette coupole elle-même... » Faute d'une abondante œuvre littéraire à commenter, il salue les augustes aïeux, complimente l'écriture, l'art du pastiche, évoque la sortie d'*Au plaisir de Dieu* attendue le lendemain en librairie, avant de se lancer dans une analyse psychologique de l'impétrant. « Vous avez poussé à la perfection l'art de vous dérober à notre prise et de donner le change [...] vous êtes bien un mystificateur [...] Vous savez si bien prendre au piège et dérober votre sincérité sous vos artifices. Est-ce bien vous qui êtes là ? » Applaudissements du « bataillon de supportrices à colliers de chiens » qui intrigue l'envoyé spécial du *Quotidien de Paris*. Au premier rang, note-t-il, à côté d'Anne-Aymone Giscard d'Estaing, trois très belles femmes, les sœurs Béghin dont Françoise, « perfection glacée d'épouse de pharaon ». Blottie contre elle, une petite brune de onze ans en souliers vernis.

Qu'elle est vaillante, Héloïse, dans cette foule naphtaline. Elle ne quitte pas des yeux son père. « Papa » brille dans son drôle de costume brodé, un paon tout feu follet, sublime étranger... C'est Françoise qui s'occupe d'elle au quotidien, et Ferdinand, le grand-père, toujours prompt à tonner et juger, qui incarne l'autorité. Jean d'O, lui, ne fait pas beaucoup d'efforts. Il ne conduit pas sa fille à l'école, ne l'emmène ni au Louvre ni à l'équitation. À peine un coup d'œil sur les devoirs. La semaine, il est au bureau ; le soir, souvent sorti, et le dimanche, à Neuilly, après la messe, qu'il sèche, et le déjeuner, il fait des mots croisés avec sa mère. En présence de Marie, Jean s'apaise, il file doux, bercé par sa tendresse autoritaire. Complicité quasi religieuse. Ces deux-là n'ont pas besoin de parler ; ils ne font qu'un. Un jour, pour une soirée déguisée, Jean a mis une perruque, emprunté sa robe de chambre, impossible de distinguer le fils et la mère.

À la maison, il est toujours plongé dans ses articles ou ses manuscrits. *Au plaisir de Dieu* s'est vendu en six mois à plus de deux cent cinquante mille exemplaires, il va être traduit en Italie, en Allemagne, adapté à la télévision. Le prochain livre occupe déjà ses pensées. Françoise ne sait rien, il ne lui parle pas de sa prose. Jean s'enferme au deuxième étage, dans ce bureau où seule Héloïse ose pénétrer, intimidée par tous ces ouvrages empilés jusqu'au plafond. « Papa » écrit avec ses crayons à papier fétiches, offerts par ses admiratrices, qu'il use jusqu'à la pointe. Il lui en faut trois généralement pour achever un roman, et la perte de celui en cours peut provoquer des colères noires. Le reste du temps, l'humeur est délicieuse.

Au *Figaro* aussi, le directeur semble bien dans sa peau, « conscient de ses origines et capable de les oublier face à ceux que son illustre famille irriterait, écrit Raymond Aron dans son *Journal*. Heureux d'être et heureux d'avoir ». Il rayonne à l'extérieur, brillant à la télévision, à l'aise avec les annonceurs comme avec les pouvoirs. L'ami Giscard lui ouvre régulièrement les portes de l'Élysée pour des commentaires *off* ou une interview exclusive qu'il sait d'avance bienveillante. Jean d'O le soutient fidèlement. À l'intérieur, pas de révolution, il déplace le carnet mondain à la fin du journal, malgré les protestations de son entourage et de nombreux lecteurs. Tentative de rajeunir l'illustration, la maquette, de recruter de nouvelles plumes,

Françoise Sagan, Jean-Edern Hallier, Jacques Delors... Le directeur anime les conférences de rédaction, sans idées folles, calme les ardeurs des enquêteurs. Surtout, pas d'emmerdes. Il charge ses assistantes de répondre aux appels des femmes, courtisées un soir, qui lui courent après ; elles lui écrivent, l'une, toute jeune, menace même de se suicider ; une autre veut louer une chambre dans sa maison de Neuilly. La paix, il a besoin de silence pour livrer ses éditos. Ils sont savamment troussés, plume facile, habituée à louvoyer. À propos du débat sur l'IVG, le 26 novembre 1974 : « Si j'étais député, je voterais après beaucoup d'hésitation en faveur du projet de Mme Veil. Mais si une jeune femme venait plus tard me demander mon avis, j'hésiterais encore davantage, je l'avoue, à lui conseiller de se servir de la loi... » Les pro et les anti lui en veulent, d'autant qu'il a laissé passer une publicité au goût douteux, titrée « 1974 : trente femmes se font avorter en public. Le monde change. *Le Figaro* aussi. » Elle a été retirée *in extremis*. Sa position sur la peine de mort n'est pas plus nette. Le débat s'enflamme alors que la sentence capitale est requise pour le meurtrier d'un enfant, Patrick Henry, défendu par Robert Badinter. « Le christianisme ne peut pas réclamer l'oubli. Mais il réclame le pardon, écrit Jean d'O. Je me demande aujourd'hui si le courage, le respect de l'assassin lui-même, la vraie générosité n'exigent pas à la fois le pardon et la mort. » La casuistique, en toutes circonstances. Seuls « les socialo-communistes » le font sortir de ses gonds. Il poursuit en justice les ouvriers du livre qui ont eu le malheur de parodier *Le Figaro* avec une faucille et un marteau pour la fête de *L'Humanité*. Plus tard, ce sera Jean Ferrat, attaqué en diffamation, pour avoir composé *Un air de liberté* dans lequel il accuse le directeur d'avoir du sang sur les mains. « Ah ! monsieur d'Ormesson, s'indique le chanteur, Vous osez déclarer/Qu'un air de liberté/ Flottait sur Saigon/Avant que cette ville s'appelle Ville-Ho-Chi-Minh/Après trente ans de feu, de souffrance et de larmes/ Des millions d'hectares de terre défoliés/Un génocide vain perpétré au Vietnam/Quand le canon se tait, vous vous continuez/Mais regardez-vous donc un matin dans la glace/Patron du *Figaro*, songez à Beaumarchais/Il saute de sa tombe en faisant la grimace/ Les maîtres ont encore une âme de valet. » La chanson, qui devait passer sur Antenne 2, est censurée. Polémique dans la presse, mais la rédaction soutient globalement son directeur. Il est si rare de le voir si offensif. Généralement, il n'aborde rien frontalement, il repousse les problèmes, soigne les clans, flatte même ses concurrents. Le patron du *Monde*, Pierre Viansson-Ponté, souvent sarcastique à l'égard du *Figaro*, a ainsi droit à une chronique élogieuse à la sortie de son livre. Ménager l'avenir. Ne pas se faire d'ennemis, c'est la ligne que Jean d'Ormesson conservera toute sa vie. Le dénigrement l'abaisse, question d'éducation, de fidélité au père qui ne disait jamais de mal d'autrui. L'écrivain-journaliste veut qu'on l'aime, grand seigneur, au-dessus de la mêlée. Il pense à lui, peu importe le collectif. « Disons les choses, avoue-t-il, lors d'un déjeuner à balayer ses années dans le bureau ovale. Je n'ai pas été un grand directeur du *Figaro*. Même si je n'ai pas été servi par les circonstances... »

C'est la crise, un an à peine après son arrivée. Criblé de dettes, acculé par les banquiers, Jean Prouvost annonce qu'il va vendre le journal. Trois acheteurs potentiels : André Bettencourt, le propriétaire de L'Oréal, ami et voisin de Jean d'O à Neuilly, Jean-Jacques Servan-Schreiber, patron de *L'Express*, et Robert Hersant, rapidement seul en lice. La rédaction redoute cet affairiste qui a bâti sa fortune sur *L'Auto-journal*, et une myriade de petits journaux de province, de revues spécialisées, rachetés à bas prix. « Herr Sant », comme le surnomme *Le Canard enchaîné*, est en quête de respectabilité après avoir été condamné en 1947 à dix ans d'indignité nationale pour collaboration avec l'occupant, amnistié, puis élu député UDF de l'Oise en 1956, malgré la colère de nombreux élus qui tentèrent, sans succès, de le faire destituer. Paul Morand téléphone à Jean d'O. Le coup de fil est consigné dans son *Journal inutile*. Il paraît, lance le vieux mentor, que Maurice Schumann, dans les dîners en ville, se scandalise de l'arrivée d'Hersant. « Il a été de la milice », rappelle l'ancien porte-parole de la France Libre. Jean d'O s'en moque : « Et alors, répond-il à Morand. Qui pense encore à ça ? »

Le 30 juin 1975, alors que la rédaction menace de faire grève, il prend la plume en une. « M. Robert Hersant est une personnalité puissante, truculente et contestée. Il a bénéficié d'une amnistie. Le propre d'une amnistie, c'est qu'elle efface et qu'on n'en parle plus [...]. Dans cette conjoncture compliquée, et brièvement résumée, je défendrais volontiers l'idée que [...] M. Robert Hersant accumule beaucoup de défauts, mais au moins, il existe. » Consternation d'une majorité de journalistes qui votent aussitôt la grève générale. *Le Figaro* disparaît des kiosques durant vingt-quatre heures. Un mois plus tard, Jean d'Ormesson annonce l'arrivée d'Hersant et son maintien à la direction du journal. Il a hésité à partir ; sa mère, son épouse, Morand et Rheims, tout le monde l'y poussait. « La vie d'un directeur de journal est une vie épuisante, indique-t-il aux lecteurs. Pourtant, il est impossible pour le capitaine d'abandonner le navire au milieu de la tempête... Je poursuivrai ma tâche avec résolution et confiance. »

Il en écrira encore, des éditos à l'eau tiède, sur le style giscardien, le plan Barre, l'insécurité croissante, les inquiétudes de la société libérale. Des appels à repousser le « péril socialo-communiste » et des lignes mordantes sur Chirac (« Une première évidence : [il] est en bonne santé. Il n'aura pas besoin de se faire examiner les testicules à la façon de M. Ford [...]. Il préfère les westerns de l'avant-garde et la trompette des camps à la flûte des bois. Et *Le Livre de la jungle* aux *Méditations poétiques* chères à François Mitterrand [...]. Il y a de l'ordinateur dans cet homme-là »). Imprévisible Jean d'O, il tressera même des lauriers à Mao au lendemain de sa mort. Chapeau bas pour « cet homme qui aura marqué son siècle plus que Churchill, Roosevelt, Tito, Nasser ou de Gaulle ». Tout est permis, Hersant l'adore.

Mais peu à peu, l'usure gagne le directeur. Il est plus fragile. Marie d'Ormesson s'est éteinte à l'automne 1975. Les derniers temps, gravement malade, elle vivait chez son fils aîné, Henry, avenue Marceau. Françoise est venue s'occuper d'elle jusqu'au bout. De son côté, chaque soir, Jean passait embrasser sa mère. Il a tenu à lui rendre hommage dans *Le Figaro*, contre l'avis de son frère énarque qui trouvait l'exercice « indécent ». Long texte intime dont il me dit : « C'est sans doute ce que j'ai écrit de mieux dans ma vie. » Il est publié le 31 octobre 1975, veille de Toussaint. « En ces jours des défunts [...], j'ai vieilli d'un seul coup. Ma mère est morte. Longtemps, j'ai été son fils, son enfant, son garçon et elle m'appelait "mon petit". Voilà que je ne suis plus l'enfant de personne et je n'ai plus personne pour me séparer de la mort. Je n'ai plus derrière moi que l'image à jamais évanouie du visage de ma mère et mon souvenir chéri... »

Quelque chose a changé. Jean d'O dévoile publiquement ses sentiments, comme si un verrou avait lâché à l'intérieur. Le coup de foudre à la table des Gallimard n'est pas passé. L'écrivain est de plus en plus amoureux, ne s'en cache pas. Au *Figaro*, ses assistantes le voient s'illuminer quand débarque Malcy Ozannat. Il la vouvoie, elle aussi. La jeunette est douce, vive, rafraîchissante. Le journalisme la passionne presque autant que la littérature. Avec elle, il parle de tout. La vie est joyeuse. Les amants s'enferment dans le bureau ovale ou partent se promener. À deux pas, près de l'avenue Montaigne, Jean d'O a loué un petit appartement décoré avec soin par son ancien amour, Nine de Montesquiou. Malcy pense à divorcer, lui pas. « Jamais je ne quitterai Françoise », a-t-il prévenu. Elle l'accepte. Il est ébloui. Leurs escapades en Italie, en Grèce sont des miracles. Pour une fois, aucun sentiment de lassitude. Malcy s'installe peu à peu comme une seconde épouse. Non négociable, indispensable. Désormais, il l'appellera chaque jour dès le lever du soleil et le soir, avant de se coucher. Il ne fera plus de livres sans elle. *Point de vue* légendera même une photo de l'éditrice, très hollywoodienne, au bras de Jean : « Monsieur et Madame d'Ormesson », avant de s'excuser platement. Tout le monde sait. Personne ne dit rien.

Jean d'O attendra quarante ans pour oser quelques mots sur elle. « Malcy est entrée dans ma vie. Elle ne l'a plus quittée. Elle l'a changée et élevée, écrit-il dans *Je dirai malgré tout que cette vie fut belle.* Je l'ai aimée, admirée, vénérée. Et je l'aime, je l'admire, je la vénère toujours. » Tout est dit. Il pose un doigt sévère sur ses lèvres quand, après des mois de circonvolutions, je lui parle d'elle.

Puis, un matin, fin mai 2016, il téléphone : « Si vous pouvez vous libérer ce soir, je donne une conférence pour *Le Figaro*, salle Gaveau. Cela peut être intéressant pour vous. J'ai donné votre nom, vous avez une place réservée. » Pas le temps de remercier, il a déjà raccroché. La pluie tombe sur Paris. J'arrive en retard, trempée. Une hôtesse me conduit jusqu'à un petit box au bord de la scène. Devant moi, de dos, deux femmes, cheveux bruns courts. Françoise et Malcy commentent tout bas la prestation de Jean d'O au micro. Il peine à entendre les questions, répond à côté, se raccroche aux éternelles anecdotes. Lepeletier le régicide, le cardinal Pacelli, ami de son père, et cette citation de Proust servie à toutes les sauces : « J'appelle l'amour une torture réciproque. » Elles ont mal pour lui. Mais le public est indulgent. Il parle là, devant leurs yeux, ce grand-père de rêve, petit Merlin fripé debout, vivant, enchanteur. Applaudissements émus, « merci » et baisers en l'air. Devant moi, les deux femmes chuchotent, visiblement heureuses d'en finir. Elles se lèvent et se retournent en même temps. L'une guillerette, l'autre sévère. Jean s'approche, tout chancelant, escorté par le patron du *Figaro littéraire*. Il me glisse à l'oreille : « J'espère que vous ne regrettez pas d'être venue. » La foule l'attend dehors, avec des piles d'ouvrages à signer. « Ça va aller ? demande Françoise. Tu n'es pas trop fatigué ? » L'épouse reste à l'arrière. Malcy le prend doucement par le bras. « Allons-y mon chéri », souffle-t-il, vaillant dans son costume marine.

Cet été 1976, Jean d'Ormesson s'envole vers l'île de Beauté. À l'aéroport de Bastia, il file à toute allure dans les montagnes vers Saint-Florent, entre le cap Corse et le désert des Agriates. Encore quelques kilomètres de piste rocailleuse et là, en contrebas, au pied d'une anse abritée des regards : Fornali. Une bâtisse aux accents gothiques, tourelles et pierres de granit, des pins, des cyprès, des oliviers et tout autour, à perte de vue, le maquis et la mer. C'est son nouveau château, plus doux, plus chaud que Saint-Fargeau, un autre cadeau de la vie dans ces années *Figaro* où tout arrive ; l'endroit où il aime écrire, rayonner, recevoir, paradis de plaisirs et d'influence. Le mythe se cultive ici. On ne comprend pas Jean d'O sans venir à Fornali. Lui-même me le rappelle souvent avec gentillesse : « Il faut absolument que vous passiez en Corse… » Au printemps 2017, les choses se précisent. « Êtes-vous libre à la Pentecôte ? Françoise serait ravie de vous avoir. » Il me donne le numéro de son épouse en cas de problème, l'intendance c'est elle, un chauffeur attendra à l'aéroport de Bastia.

Le maestro écrit sur sa terrasse au soleil, devant les eaux céruléennes. Il bondit en espadrilles, pattes frêles caramel, panama à la main : « C'est adorable d'être venue jusqu'ici. Avez-vous fait bon voyage ? » Il demande si le vol n'était pas trop bondé, pas trop cher, coup d'œil circonspect sur mes Nike. « Avez-vous besoin de vous changer ? » Françoise surgit dans une tunique en lin clair, mules chics, cheveux courts plaqués en arrière. Elle m'embrasse, propose une citronnade. À côté, sa sœur Pascaline taille les géraniums roses jaillis de gros pots de grès, grâce filiforme et ténébreuse comme un modèle de Goya. La cuisinière marocaine apporte des petits sablés. Ici, tout est chic, parasols crème et meubles en corde ; l'intérieur frais, plus vieillot, fauteuils confortables, commode anglaise, bibelots de mer. Et ce paysage, surtout, à couper le souffle. J'en perds mes mots. « Mon Dieu, chuchote Jean d'O. Les voilà ! C'est atroce, vous allez voir tout ce que je ne voulais pas que vous voyiez... » Il mime le supplice, mains jointes, sourire complice. On dirait Louis de Funès.

Un bouquet de sexagénaires s'approche en zodiac, sorti du ventre d'un yacht amarré au large. C'est le *Baton-Rouge*, dernière folie à 65 millions d'euros de l'héritier du béton et des télécoms, Martin Bouygues. Sa femme, Mélissa, et Sylvia Amalia, une ancienne splendeur brésilienne amie de Jean, ont tenu à faire escale à Fornali sur la route de Capri. Les autres femmes de l'équipage ont aussi insisté, au désespoir des maris restés à bord. Les voilà sur le ponton, perchées sur des espadrilles à talons. Elles s'avancent, toutes maquillées, parfumées, brushings et bouches pulpeuses, visages incroyablement lisses. Sylvia Amalia serre « Jean » dans ses bras. « Quel bonheur de te voir, et quelle mine ! » Il retourne le compliment puis, filou : « Plus le temps passe, plus on me dit que je suis en forme. » La météo, le festival de Cannes, l'affreux Trump, Fillon, Macron et la suppression espérée de l'ISF... ça cancane, sous le regard atterré du compagnon d'Héloïse, Gilles Cohen-Solal. Il part s'allumer un cigare. Jean d'O, lui, fait la conversation, quelques éclairs dans les banalités. Ces dames sentent qu'il fatigue, elles rejoignent leur yacht. Enfin seuls. « Vous savez, me dit-il. Je ne suis pas mondain pour un sou. Ici, j'aime surtout me retrouver là, sans personne, devant la mer. » Il se lève : « Vous connaissez l'histoire de cette maison ? »

Un lord écossais, dénommé Chilcott, eut l'heureuse idée d'accoster ici, en voilier, dans les années 1920. À l'époque, il n'y avait rien, quelques renards et des sangliers à tirer. Le Celte a négocié les terres, installé ses chevaux, ses chiens, commandé aux artisans du village deux pontons de bois et une forteresse solide comme à Édimbourg. « Le château », l'appelle-t-on depuis dans la région, faute de pouvoir désigner autrement cette étrange construction. Un couple d'aristocrates l'a rachetée après guerre, ainsi que toute la colline alentour. Jean et Paule de Beaumont, figures de la haute société parisienne qu'ils conviaient ici, avec serviteurs en gants blancs, ânes chargés de cristal et de candélabres, pour festoyer au bord de l'eau. Soirées costumées, banquets illuminés, un parfum du XVIIIe s'est mis à flotter dans la garrigue. Monsieur présidait le Comité olympique. Madame vivait librement, inspirée par les écrivains, Tennessee Williams qui fut son ami, Bertrand de Jouvenel son amant, Ernest Hemingway, dont elle traduisit un roman. Le monde entier est venu la voir ici ; le roi des Belges, les Onassis, les Bettencourt, Jeanne Moreau, Catherine Deneuve... et les caciques de la droite, Pompidou, Giscard, Olivier Guichard, qui lui épargna, tout près, la construction d'une discothèque et d'un club naturiste. Qu'elle était chic, Paule, sous sa capeline au milieu des moutons ou nue à faire ses brasses derrière de jeunes éphèbes en barque qui lui lisaient des poèmes. Avec elle, le coin s'est peu à peu transformé en phalanstère. Les terres alentour ont été discrètement préemptées pour les amis, Élie de Pourtalès, le flamboyant banquier de Lazard, et Maurice Rheims, cet autodidacte, fils d'un général d'origine juive alsacienne, devenu grand ordonnateur du marché de l'art. Ses affaires avaient prospéré pendant la guerre, si bien que de Gaulle lui disait toujours : « Ah, maître, votre coupable industrie ! » Le commissaire-priseur a fait son premier coup d'éclat avec une toile de Cézanne, une nature morte aux pommes, adjugée par son marteau en ivoire au célèbre collectionneur Gulbenkian. Record mondial avant beaucoup d'autres… Pompidou l'admirait, tout comme Morand et Picasso qui en fera son exécuteur testamentaire. Rheims vit entouré de trésors signés Bonnard, Lautrec, Gris, Balthus… dans son jardin suspendu du Faubourg-Saint-Honoré où le Tout-Paris s'émerveille. En Corse, il aime la vie simple. Au début des années 1960, avec sa troisième épouse, Lili, descendante des Rothschild, et leurs trois enfants, il a restauré une bergerie sans eau ni électricité. *Ochinese*, deux blocs posés au bord du sentier côtier, baies vitrées et terrasse ombragée dans les lauriers-roses avec, au loin, dans un océan de bleus, la tour génoise de Saint-Florent.

Françoise Béghin et ses sœurs ont débarqué tout à côté, à Fornali, dix ans plus tard, quand Paule de Beaumont, l'âge venant, a préféré une propriété moins isolée. L'empereur du sucre a loué le château avant de pouvoir l'acheter en 1973. *In extremis*, il a doublé le milliardaire franco-anglais Jimmy Goldsmith, futur actionnaire de *L'Express*, arrivé en retard chez le notaire. Quelle joie de pouvoir offrir à ses filles un nouveau lieu de vacances, plus exotique que le manoir familial de Thumeries et le château suisse hérité de sa femme, Vogelhaus, solide base arrière pour abriter sa fortune. À soixante-dix ans passés, Ferdinand vient de vendre ses actions et de céder la direction de Béghin-Say, dont il reste président d'honneur. Désormais, il profite de la vie.

Cet été 1976, le millionnaire écrit ses souvenirs et bronze dans le plus simple appareil. Jean d'O fait de même. Avec ce gendre romancier, désormais, c'est la lune de miel. Ses succès à l'Académie et au *Figaro* l'ont rendu plus estimable, et puis il y a ce goût partagé pour la politique, les femmes, les voitures. Si seulement il savait aussi apprécier les grands crus… « Chez moi, on boit », tempête Béghin quand Jean fait la fine bouche devant un château-yquem. Bizarrement, il n'aime pas s'enivrer. L'autre pièce rapportée de la famille, François Moreuil, second époux de Pascaline, s'y connaît, lui, en bons vins. Mais c'est un rabat-joie, un peu fat, vaguement cinéaste. Son principal fait d'armes est d'avoir épousé Jean Seberg, en 1958, avant que Romain Gary ne la ravisse ; l'éconduit en fera quasiment tout un livre, pompeusement appelé *Flash Back*. Il paraît qu'il inspirera à Francis Veber son fameux *Dîner de cons*. C'est du moins ce que dit Jean d'O. Il déteste Moreuil puisqu'il a conquis Pascaline, la divine qui cultive si bien l'ambiguïté, la sœur adorée de Françoise à laquelle il n'a jamais renoncé. Au diable ce playboy ! L'air de rien, Jean d'O s'applique à lui faire de l'ombre. Lui est enthousiaste pour tout, monté sur ressort dès 7 heures du matin : « je vais me baigner, la mer est trop belle » ; toujours à s'émerveiller, d'une brise matinale, d'un pêcheur au loin, d'un minuscule lézard qui dore au soleil. Il aime la solitude et le monde. Françoise a tôt compris qu'il fallait, pour le garder auprès d'elle, toujours remplir Fornali d'invités. Sans spectateurs, l'iris bleu pâlit, Jean se dessèche. Heureusement, ses amis écrivains sont raccords avec l'esprit maison : fins, cultivés, de droite, désespérés par les sirènes progressistes du monde moderne. Paul Morand, qui vient de mourir, manque. Mais les autres, François Nourissier, Michel Déon, Félicien Marceau, Michel Mohrt, prennent chaque année leurs quartiers d'été. La mer les requinque, le soleil éclaircit un peu leur fond noir. Et puis, il y a les éternels boute-en-train, Rheims, qui fait aussi table ouverte dans sa bergerie, Herzog, les Agnelli, et des vacanciers de passage toujours, éditeurs, journalistes, des jolies filles si possible. Jean d'O est le benjamin jusqu'à l'arrivée dans la bande de son jeune admirateur du *Figaro*, Jean-Marie Rouart, et de l'étincelant François Sureau, cet énarque, officier de la Légion étrangère, dont la plume rivalise avec le verbe.

Vacances de rêve, chacun sur ses textes – rares sont ceux qui n'écrivent pas –, baignades, balades en bateau à moteur, sous la conduite d'Angelo, le marin du domaine. Les domestiques s'occupent de tout. Pas besoin de se rendre à Saint-Florent, à part le dimanche éventuellement pour la messe. On reste entre soi. On dort, on refait le monde, on écoute Jean d'O lire à voix haute son prochain édito. À la fraîche, il s'en va crapahuter nu sur le sentier douanier. Le soir, on s'habille et c'est un festival. Vins frais, poissons grillés, concours d'érudition. Quand a eu lieu le concile de Nicée et qui se souvient de la préface de *Notre-Dame de Paris* par Péguy ? Quelle est la plus belle scène d'amour de la littérature ? Et le plus beau poème ? Chacun y va de son quatrain. Les hommes récitent, les femmes écoutent ; Françoise s'assure que rien ne manque sur la table. Mohrt marmonne dans sa grande moustache de colonel que « Paris n'a jamais été plus beau que sous l'Occupation ». Nourissier siffle un digestif et lance les paris pour le prochain prix Goncourt qu'il préside. Faites vos jeux. On jette aussi les noms à faire entrer quai de Conti. Jean d'O s'est promis de promouvoir tous ses amis. Maurice Rheims vient d'être élu sous la Coupole, à soixante-cinq ans ; il n'en revient toujours pas, lui le « plouc de l'esprit », comme il s'appelle, le cancre qui a raté six fois son bac et s'est mis à écrire tardivement de médiocres romans. Bientôt, ce sera Michel Mohrt puis, dans quelques années, Michel Déon, Jean-Marie Rouart, même Valéry Giscard d'Estaing, poussé avec ardeur par son vieux copain d'enfance. Deniau entonne des chants de marin. *Les Filles de La Rochelle* se mêlent aux poèmes d'Aragon. Œillades et fous rires au clair de lune, les pieds s'effleurent sous les tables.

Au loin, sur sa terrasse, une adolescente observe le spectacle. Nathalie Rheims, la seconde fille de Maurice, la sœur de Bettina, qui file déjà vers sa destinée de photographe, peine à trouver le sommeil. Elle scrute ces vieux lions érudits ridés de soleil et de gloire, et ces élégantes aux doigts diamantés, si minces, si racées. Dans la nuit noire, ils s'éparpillent. Les masques tombent, les corps marchent librement. Son père fond dans le maquis avec la longue silhouette de Françoise. Le lendemain matin, au petit déjeuner, sa mère est un peu triste. Elle ne s'en cache pas. « La comtesse a des charmes que je n'ai pas », dit-elle, résignée. Nathalie sent bien l'influence de Françoise quand son père lui reproche soudain de se laisser grossir ou de s'habiller mal. Maurice est d'ailleurs bien apprêté depuis qu'il porte des chemises ciel griffées Hilditch et des cravates en tricot, les mêmes que Jean d'O. Les deux académiciens partagent tout ; ils s'accordent à merveille, même amour de la vie, même yeux bleus polissons, et cet art toujours de briller, d'extrapoler, de se tourner en dérision. Au fond, rien n'a vraiment d'importance. Ils n'ont qu'une déesse : la liberté.

Les soirées se suivent à tour de rôle chez les Béghin, chez les Rheims. Elles marquent à vie Nathalie, qui s'en souviendra plus tard dans un de ses romans, *Place Colette*. « C'est étrange comme la dissolution des mœurs qui caractérisait ce moment de l'histoire, dominée par l'injonction "jouir sans entraves", n'avait pas le même sens que cette vieille décadence, écrit-elle. Entre la version bariolée et joyeuse de la jeunesse aux chemises à fleurs et aux pantalons pattes d'éléphant, et celle, grise et hypocrite, de cette génération enfermée dans un autre temps qui ne laissait rien paraître derrière la rigidité des corps et des esprits, quel contraste ! Vu de loin, ça se ressemblait, une orgie reste une orgie, mais ils étaient aux antipodes les uns des autres. »

À seize ans, Nathalie ne dit rien, elle subit en silence. L'adolescente croise souvent Héloïse d'Ormesson sur le sentier côtier. Un simple « Bonjour », quelques mots, rien de plus. Les efforts des parents pour les rapprocher n'ont rien donné, malgré leur faible écart d'âge, deux ans et demi à peine. Petite, Nathalie Rheims avait trouvé dans le bureau de son père un petit sac brodé d'une gondole en perles rapporté de Venise. « C'est pour moi ! » s'était-elle réjouie. Il avait aussitôt refermé le paquet : « Non, c'est pour Héloïse. » Elle avait été un peu jalouse. Pourtant, elle n'a pas l'air méchante la fille de Fornali, toujours en short, simple, cheveux au vent. Elle ne ressemble pas aux autres.

Héloïse d'Ormesson a le sang rebelle. Elle porte des jeans, boit des bières, écoute les Rolling Stones. Les rallyes l'insupportent et Neuilly l'étouffe. À Saint-Dominique, son lycée catholique, elle n'en peut plus d'être vue comme la fille du patron du *Figaro*. Les positions politiques de son père, ses leçons à la télévision l'exaspèrent. Comment peut-il soutenir mordicus ce ringard de Giscard ? Ne pas écrire une ligne sur Bokassa ? Croire que le « péril socialo-communiste » va détruire la France ? « Il me faudra du temps pour saisir que la vision de papa était déterminée par son enfance, ce qu'il avait vu dans les années 1930 en Allemagne, en Roumanie, puis vécu pendant la guerre et après, me confie-t-elle lors de notre premier déjeuner. Sa haine des communistes emportait tout. À l'époque, je

ne comprenais pas, je le trouvais rétrograde. »
Héloïse d'Ormesson fait sa crise d'ado, révoltée par ses parents « bourgeois », et leurs mondanités. Elle sait pourtant qu'ils peuvent être rock'n roll. Un hiver, ils l'ont emmenée fêter Noël au Mexique, à Careyes, une luxueuse colonie hippie lancée par un associé d'Agnelli. Il fallait, pour pénétrer ce palais bleu posé sur la falaise, où se presseront plus tard Berlusconi, Clinton, Cindy Crawford et tant d'autres fortunés, avoir commis « la majorité des sept péchés capitaux ». C'était dans le règlement, et la poudre blanche coulait à flots. Françoise et Jean n'y ont pas touché, mais ils se sont bien amusés. Drôles de parents. Tellement libres et soudés dans les apparences, si ouverts et si conservateurs. Héloïse, elle, milite à gauche, s'emballe pour Mitterrand et votera même Arlette Laguiller. En lutte, dans l'hôtel particulier familial. Jean d'O, lui, continue de batailler à droite. Il ferraille avec *L'Humanité*, qui le dépeint en digne héritier de son oncle Wladimir, impitoyable réactionnaire, serviteur de « la grande bourgeoisie capitaliste ». Ses violentes

joutes verbales avec le directeur du quotidien communiste, Maurice Leroy, secouent les ondes de France Inter. Il s'écharpe aussi avec le patron du *Nouvel Observateur*, Jean Daniel, qu'il a bousculé sur le plateau d'*Apostrophes*, en 1975, lors d'une émission restée célèbre, consacrée à Soljenitsyne. Banderilles à répétition sur le thème : « Vous avez fait le goulag peut-être ? » Daniel était ivre de rage. Mais sa véritable bête noire reste Bernard Frank, ce journaliste qui, malgré toutes ses gentillesses, ses invitations à déjeuner, continue de le moquer. « Jean d'Ormesson, je veux sauver votre âme », écrit-il dans *Le Quotidien de Paris*, avant de tacler son dernier édito. « Le mystère reste entier mais la situation s'éclaircit, nous annonce-t-il avec ce ton pince-sans-rire qui fait son charme. Ces deux petites phrases auraient enchanté les surréalistes de la Belle Époque [...]. Je ne vous reproche pas de soutenir la majorité [...]. Jean d'Ormesson, je veux sauver votre âme. Vous apprendre à dire la vérité [...]. Je veux que vous cessiez de raconter à vos lecteurs que si les socialistes étaient de vrais socialistes, que si Mitterrand était Léon Blum, rien ne vous empêcherait de voter pour Jaurès et que si le parti communiste était un parti comme les autres, vous prendriez la direction de *L'Humanité* comme votre ami Druon. Quoi de plus normal quand on est un privilégié de défendre ses privilèges... » Bernard Frank, l'ancien protégé de Sartre, l'ami de Sagan, l'enfant juif dont la famille a souffert sous l'Occupation, méprise les contorsions du nobliau. Il tient sa tête de Turc et ne la lâchera plus.

Le combat est rude en cette année 1977, la gauche pourrait remporter les prochaines élections législatives. Jean d'O s'épuise à la tête du *Figaro*. « Il ne dirigeait qu'à moitié la rédaction, et encore moins la gestion », se désole Raymond Aron dans ses *Mémoires*. C'est décidé : le directeur veut rendre son tablier. Trop de pression, trop de contraintes, plus de temps pour écrire. Après tout, son poste à l'Unesco, qui l'a simplement mis en disponibilité, l'attend au chaud. Encore faut-il trouver le moyen de s'en aller dignement. À Fornali, Jean tourne en rond, s'angoisse comme un enfant qui ne veut plus aller à l'école. Une idée lui vient en faisant ses longueurs dans la baie cristalline : « Et si je disais que je suis malade ? » Françoise est affligée.

Dieu merci, surgit un prétexte idéal. Au printemps, Robert Hersant manifeste sa volonté de prendre la direction politique du journal et d'écrire des éditos. Il l'annonce lors d'un déjeuner en petit comité à Neuilly, chez Jean d'O. Pour Raymond Aron, c'est un *casus belli*. L'éditorialiste démissionne, suivi par une douzaine de journalistes, dont Jean-Marie Rouart. Après plusieurs semaines d'hésitation, le directeur lui emboîte le pas. Mais surtout, pas de scandale, pas de mise en cause de l'actionnaire. Une simple constatation : « l'incapacité d'exercer pleinement ses tâches de directeur ». Dans ses *Mémoires*, Aron s'étonne que Jean d'Ormesson ait toujours passé sous silence le déjeuner de la rupture, même quand il évoquera, dans plusieurs de ses livres, les raisons de son départ. On n'insulte pas l'avenir, les relations avec Hersant restent bonnes. Il continuera d'écrire dans *Le Figaro*. Carte blanche *ad vitam aeternam*.

Un an plus tard, Fornali part en fumée. Le 10 août 1978, au coucher du soleil, un commando de trente guérilleros entre au « château » avec armes et drapeaux du FLNC, le nouveau Front de libération nationale de la Corse. « Ici, c'est comme dans un livre », a prévenu le chef venu en repérage. Ils bâillonnent les occupants, le couple de gardiens et des naufragés italiens hébergés ici le temps de réparer leur bateau, les enfants ont droit à des bonbons, on leur dit qu'on tourne un film. Tout le monde est bouclé dans le petit phare au bout de la propriété. Ferdinand Béghin et sa famille, eux, sont en Suisse. Conférence de presse clandestine organisée dans le salon, entre les bergères et la commode Louis XVI recouverte d'un édredon en chintz volé au premier étage et bombé FLNC. « Vous êtes ici dans la propriété d'un haut personnage, ami de l'État français : M. Béghin des sucres et de la presse », annonce un homme cagoulé, avant de rappeler aux frères d'armes que les enfants du président Giscard séjournaient encore ici quinze jours plus tôt. Assez, qu'ils dégagent ces nantis, qu'on en finisse avec ce gouvernement de droite qui transforme la Corse en gigantesque port de plaisance. » Vive l'indépendance ! Les correspondants du *Provençal* et du *Monde* prennent note. Une fois la demeure vide, le commando allume la dynamite au milieu des bouteilles de gaz. Un gigantesque feu d'artifice illumine la mer au cœur de la nuit. Adieu Fornali. Reste une ruine, les meubles en cendres, le beau figuier de la terrasse dévasté.

C'est Françoise d'Ormesson qui prend l'affaire en main, seule. Son mari préfère se tenir à l'écart, soulagé de n'être pas cité dans les médias. Elle affronte la police, la justice, l'omerta au village. Le commando est arrêté à l'automne et des gens de Saint-Florent lui font comprendre qu'il vaudrait mieux retirer sa plainte : la vie d'Héloïse est en danger. Françoise s'exécute. Le jour du procès aux assises, à Paris, les magistrats la regardent s'avancer à la barre, souveraine en vison noir. « Monsieur le Président, on a été remboursés par les assurances. De notre côté, ce procès n'a plus lieu d'être. » Regard furtif en direction du banc des accusés : « Que voulez-vous que je dise à ces jeunes… ils ont fait une bêtise. » Un dimanche, devant l'église de Saint-Florent, une femme en noir s'agenouille aux pieds de la comtesse. « Que Dieu vous rende grâce, madame. » Son compagnon a échappé à la prison. Un autre, acquitté, deviendra conseiller officieux d'un ami de Jean d'O, Jean-Guy Talamoni, le président de l'Assemblée de Corse, invité régulier à Fornali. Tout rentre dans l'ordre. Désormais, les Béghin auront la paix. Et les amis, les journalistes reprennent le chemin du paradis retrouvé.

Ce soir de 2017, en cette veille de Pentecôte, le yacht de Bouygues file avec le soleil sur l'horizon. Françoise et sa sœur sont parties s'habiller pour le souper. Héloïse et son compagnon regardent les résultats de Roland Garros sur le téléviseur du salon. Jean d'O, lui, téléphone, recroquevillé sous l'escalier de l'entrée. « Oui, bien sûr, mon chéri », chuchote-t-il dans le combiné. Regard noir, je m'éloigne sur la terrasse. Il me rejoint. « Vous savez comment Malcy appelle la Corse ? La côte pourrie. » Un petit rire hennissant, il demande si je connais Toulet. J'avoue mon ignorance. Quelques vers en guise d'apéritif, tirés de sa mémoire prodigieuse : « Douce plage où naquit mon âme. Et toi, savane en fleurs. Que l'Océan trempe de pleurs. Et le soleil de flamme... » Le dîner est servi. Jean d'O salive devant le potage onctueux mitonné par la cuisinière. Il fait du bien dans cette salle à manger froide, éclairée par un vieux lustre. Françoise appuie sur la sonnette posée devant son assiette, pour une resucée générale. La conversation aussi se réchauffe. Souvenirs des temps heureux quand Déon racontait l'Irlande et les virées en Grèce avec Jean, trois semaines sur un coup de tête, sans prévenir personne ; quand Mohrt, l'insatiable séducteur, s'enflammait pour une jeune romancière de Saint-Florent. Et Sureau, l'amoureux de saint Augustin, le farceur du Conseil d'État ; un été, il avait mis au défi Claire Chazal de glisser dans son journal de 20 heures le mot « buisson » – allez savoir pourquoi –, en hommage à l'ami d'Ormesson qui la trouvait charmante. Exécution à l'antenne, en direct, quelle franche rigolade. Et les Nourissier que l'on avait emmenés une année à Courchevel, avec Jean-Luc Lagardère. Le vieux François, frigorifié dans sa barbe blanche, peinait sur les pistes, tandis que Jean filait comme un bolide. « Tu me disais que tu faisais une dernière descente, se souvient Françoise. Et je t'avais retrouvé avec des filles à boire du vin chaud ! » Il se rengorge. Héloïse sourit.

Et voilà, mêmes récits, mêmes livres, mêmes piliers depuis toujours : amitié, littérature, sensualité. En Italie, en Corse, à Neuilly… Jean d'O, toujours en mouvement, est un être immobile. Un soleil autour duquel le monde tourne et se plie. Il irradie, dévore autour de lui. Je pense à cette phrase, dénichée la veille dans un de ses livres, entre des vallées sans reliefs. « Est-ce que par hasard, par la force du sang, je serais une espèce de monstre, une créature amorale et cruelle aussi bien pour moi que pour les autres ? » La question tourne aussi dans ma tête à force de le côtoyer, de deviner peu à peu ses secrets.

LE DERNIER ROI SOLEIL

Sa vie est tellement plus romanesque que ses livres ; son âme, bien plus tourmentée qu'elle n'y paraît. Jean d'O a sa guillotine intérieure, et moi, qui suis-je pour juger ? Il y a visiblement de l'harmonie dans le chaos intime, une certaine constance dans les codes, les valeurs et les sentiments. Voilà qu'il bougonne en voyant le plat de poissons : « On n'a pas idée de servir de la daurade le soir ! » Une plaisanterie sans doute, les meilleurs restaurants en proposent... Je me tais puisque personne ne bronche. Le soir, sur le balcon de ma chambre, dans la brise étoilée, je cherche une explication sur Google. Rien. Le matin, au petit déjeuner, Jean d'O consent à m'éclairer, en creusant son pamplemousse : « Enfin, la daurade n'est pas un poisson noble, mes parents auraient hurlé que l'on reçoive ainsi... » On ne plaisante pas avec les bonnes manières, même celles venues d'un monde englouti. Pour le reste, tout est permis, au plaisir de Dieu.

Comme souvent, il tient le titre de son prochain livre avant d'avoir commencé à l'écrire. *Le vagabond qui passe sous une ombrelle trouée*, bien pensé pour un aristo confit aux succès, tout juste libéré de la direction du *Figaro*. Il se donne des airs de saltimbanque, « Je suis le vagabond qui traîne dans son ombrelle trouée un peu de l'histoire du monde, écrit-il, on dirait que ces trous attrapent un peu du ciel. » En fait, c'est du Jean d'O sans surprises, retour à Saint-Fargeau, la mère, le père, Lepeletier, Fouquet, hommage à l'ancien monde, foi en l'avenir, parce qu'il faut « l'aimer quand on refuse de mourir », détour sur les barbares et les Vikings, considérations sur le temps, son thème favori, « ce temps qui passe et pourtant ne passe pas », grand mystère paré de « toutes les caractéristiques de grandes divinités, l'universalité, la toute-puissance, l'omniprésence et pourtant l'indivisibilité... une cruauté inouïe ». Il disserte, fait sa coquette, honteux du succès qu'il anticipe déjà pour ce livre, de son « faible coupable pour toutes les formes de publicité [...]. Ils me tendront les micros, tous ces sorbets d'acier, ces esquimaux sonores, et ils m'inonderont de lumière. Si j'avais un peu de courage, je me tairais ». Tout de même, « merci, super. Merci beaucoup, tout est bien ». *Le Vagabond* sort à l'automne 1978, avec en éprigraphe : « À M à qui je dois tant. »

M comme Malcy, évidemment.

La jeune femme a trente-deux ans et sa vie a changé depuis que la foudre est tombée chez Gallimard. Elle a divorcé, cessé d'être attachée de presse pour devenir éditrice. Nicole Lattès lui propose de travailler pour elle et lui confie un premier ouvrage, d'Irène Frain, *Le Nabab*. Jean d'O devient naturellement son plus grand auteur et lui restera, dans ce domaine, éternellement fidèle. Tous ses contrats incluront désormais le nom de Malcy Ozannat, même quand il publie en dehors des maisons d'édition où elle travaille. Clause non négociable, Gallimard devra s'y faire. C'est une manière d'institutionnaliser les liens, puisqu'il n'y aura ni enfant, ni mariage ; une belle preuve d'amour, la garantie pour elle d'un revenu confortable. C'est aussi un alibi en or : on a toujours besoin de voir son éditrice. Chaque jour ou presque, Jean d'Ormesson gare son coupé Mercedes rue Bonaparte, en bas de chez Malcy, montée de l'escalier quatre à quatre pour retrouver le cocon haussmannien au salon bleu, charmant bien qu'un peu trop moderne à ses yeux. Il s'installe avec ses manuscrits, ses journaux, ses sacs en plastique remplis de courrier d'admirateurs. Il la vouvoie toujours, la couvre de mots doux et la sort, au restaurant, chez les amis, à Rome, à Venise, dans les Cyclades, Amorgos, Symi, Koufonissia, ces confettis d'îles enchantées où personne ne les dérange.

Françoise ne pose pas de questions, fidèle à sa devise : « Moins on en sait, mieux on se porte. » La peine transperce seulement par l'humeur, souvent mauvaise, les coups de colère pour une pièce en désordre, un col mal repassé, un navarin trop cuit. Le personnel encaisse, comme Jean quand il est là. Héloïse, elle, est partie étudier aux États-Unis, à Yale, pour un master de littérature comparée. Elle songe à devenir agent littéraire, ou éditrice, au grand dam de son père qui fait tout pour l'en dissuader.

La maison est bien vide, avenue du Parc-Saint-James, la solitude plus dure pour une femme de quarante ans. Heureusement, il y a Maurice Rheims, de plus en plus présent depuis qu'il a perdu son épouse, décédée d'une grave insuffisance rénale. Le commissaire-priseur a cédé son étude et file gaiement vers ses soixante-dix ans, assez confiant pour oser demander à Françoise de divorcer et de l'épouser. Elle a décliné, fidèle malgré tout à son mariage – « Maurice est un placebo », lâche-t-elle dans ces rares moments où les défenses tombent – et puis ses amies ont sans doute raison. « Quand il t'aura passé la bague au doigt, répètent-elles, Maurice te trompera comme les autres. » Mieux vaut rester libre et courtisée. Elle aime courir à son bras les galeries d'art, l'accueillir à Neuilly quand Jean part en voyage. Parfois, il arrive que le mari et l'amant se croisent devant le portail. « Amusez-vous bien les amis ! » lance Jean d'O, avec sa valise, toujours minimaliste – trois chemises, une brosse à dents et un maillot de bain –, bouclée à toute berzingue avec l'aide du majordome. Monsieur s'éclipse, puis réapparaît. Généralement, son retour est précédé d'un somptueux bouquet, blanc toujours – lys, roses, pivoines –, commandé chez Moulié, derrière l'Assemblée nationale, ou Guillon, boulevard Raspail, chics fleuristes de la capitale. Les employés connaissent bien la voix de Jean d'Ormesson, à force de l'avoir en ligne pour des livraisons à Neuilly et ailleurs. « Qu'est-ce que j'ai dépensé chez eux ! me confesse-t-il un jour, alors que je remarque une gerbe d'orchidées immaculées dans sa salle à manger. Il ne faut jamais mégoter sur les fleurs, les femmes en raffolent, et ça m'a évité bien des scènes de ménage. »

Françoise apprécie toujours le geste, sans s'illusionner sur sa signification. Rien ne lui échappe. Et l'éditrice aux yeux myosotis est évidemment dans son radar. Il a suffi que Jean l'invite à dîner à Neuilly, un soir, l'air de rien, avec quelques académiciens. Tout de suite, elle a compris : cet amour-là ne passerait pas. Silence pendant près de vingt ans, faire comme si Malcy Ozannat n'existait pas.

Elle est la pire des rivales, parce qu'elle a tout compris de Jean d'O, la soif impérieuse de liberté et ce besoin de sécurité qui le ramène toujours au bercail, heureux de retrouver sa maison, son cuisinier, sa femme, vigie de fer, sans laquelle les incartades perdraient du sel. « La société de tolérance est le coup le plus dur porté à la fois aux séducteurs et aux romanciers, écrit-il dans ces années-là. Il faut des lois pour transgresser. » Jean est resté un enfant. À cinquante ans passés, il court à la fenêtre quand un camion de pompiers passe, et se laisse appeler « minou » en suçant des kanougas, ces caramels mous du Pays basque dont il raffole. Il a en lui cette éternelle gaieté « bondissante », cette tendresse folle qui rend les moments à deux miraculeux, et cette séduction quasi maladive, dont l'amante, pour ne pas trop souffrir, a fini par sourire. Au café, au restaurant, devant la moindre serveuse, il fait du gringue, elle le charrie : « Tu as vu tes yeux exorbités ? On dirait que tu vas la demander en mariage. » Malcy prend la vie et l'amour par les bons côtés.

Et puis, il y a la littérature en partage. Elle est la première lectrice, l'unique correctrice, la seule avec qui Jean d'O parle de ses ouvrages. « La célébrité, c'est assommant parce que plus personne n'ose vous dire les choses, me confie-t-il lors d'un déjeuner plus studieux que d'habitude, où nous évoquons son rapport à l'écriture. On ne m'a jamais fait aucun commentaire. Même chez Gallimard ; on m'a toujours pris mes textes tels quels. Malcy est la seule à m'avoir fait travailler, elle m'aide surtout sur la structure, on discute beaucoup. » Ce jour-là, je me jette à l'eau. Je dis à Jean d'O qu'il me faut rencontrer son éditrice. À force de les entendre tous, lui, son entourage, tant d'autres, prononcer depuis des mois son prénom, « Malcy », comme une évidence, mystérieuse, un peu inavouable mais vitale, après l'avoir croisée en coup de vent salle Gaveau, je brûle de la connaître. « Ah çà, bon courage ! se réjouit-il. Malcy, ce sera encore plus compliqué que Françoise. Je doute fort que vous puissiez la voir. » Il avait raison, elle aussi ne m'ouvrira sa porte que des mois plus tard, après le deuil.

« Je ne vous dirai rien de nos relations d'auteur à éditeur. Ça, c'est secret », prévient-elle, lors de notre première rencontre chez elle, rue Bonaparte, au printemps 2018. Elle prend place dans le canapé de velours bleu, jean, boots, col roulé. Le visage plein de lumière, doux, rond, quelque chose d'ingénu, pommettes hautes, yeux clairs. La voix est tout miel, adorable mais ferme. Malcy ne se laisse pas embarquer dans les chemins de l'intimité ; ses silences, ses regards, émus, parfois inquiets, en disent autant que ses rares confidences, jamais triviales, soufflées du bout des lèvres. Elle cherche les mots : « Que dire sans déformer les choses ? C'est si difficile... Nos amours sont un mystère pour les autres, comme pour nous-mêmes. » Je lui lis un passage de *Voyez comme on danse*, dont Jean d'O m'avait parlé, en me suggérant sa présence sous les traits d'une certaine Marina. « Elle était la douceur, l'abandon, la tendresse, écrit-il. Si simple, si évidente, sa seule présence me suffisait. Nous ne parlions pas beaucoup. Je lui disais : "Je suis si heureux avec toi." » Malcy écoute, longue inspiration, comme si elle prenait son élan : « Avec Jean, tout était en bémol ou au second degré, il fallait décrypter ce qu'il disait. Mais entre nous, cela relevait de l'évidence. Les choses importantes n'avaient pas forcément besoin d'être dites. Pour deux êtres qui se parlaient sans cesse, il y avait beaucoup de silence, de communication non verbale. On se comprenait. Voilà tout. »

Mais comment l'éditrice travaillait-elle dans l'osmose ? Je l'imagine mal, du haut de ses trente ans, juger, corriger, bousculer l'académicien. Jean d'O l'aurait-il aussi choisie pour rester dans sa bulle ? « Détrompez-vous, Malcy peut être très sévère, m'a-t-il confié. Parfois, elle me dit que c'est nul, que je vais me ridiculiser. » La jeune femme ne s'est apparemment jamais privée de pointer ses tendances à digresser, à ressusciter sans cesse ses ancêtres. « Arrêtez un peu avec votre père et Saint-Fargeau. *Stop it*, conseille-t-elle, avec son goût des petits mots anglais. On n'en peut plus. » Il l'écoute, sa prose en témoigne. « Certains me reprocheront peut-être de revenir sur les mêmes thèmes, mais est-ce qu'on choisit ce qu'on écrit ? » demande-t-il dans *Le vagabond qui passe sous une ombrelle trouée*. Il prend à témoin le lecteur : « Ah, je me répète », « Ah je parle trop de moi. » Mais il continue, persuadé de créer *in fine* une musique, un univers familier, une œuvre. C'est plus fort que lui : il doit être au centre. Ses personnages sont généralement peu creusés, même les femmes dont il pourrait percer la psyché, comme Zweig, à force d'en fréquenter autant. De fragiles damoiselles, des tarentules mondaines et des intellos de caractère, comme la philosophe Jeanne Hersch, sa collègue suisse de l'Unesco, trop ingrate pour être courtisée mais tellement drôle et brillante. Sous sa plume, les femmes, souvent appelées « Marie », filent comme des étoiles, sylphides simplement, « belles », « charmantes », pour éclairer les hommes.

« La psychologie ne m'intéresse pas », concède-t-il. Étrange tout de même pour un romancier... « Mais je ne suis pas véritablement un romancier. J'ai vite compris que la littérature était en crise, que le roman était arrivé à sa fin, en partie à cause des surréalistes. Je me suis dit très tôt qu'il fallait faire autre chose, chercher une autre voie, continuer dans la veine de *La Gloire de l'Empire*, mêler l'histoire, la philosophie, la métaphysique. »

À la fin des années 1970, Jean d'Ormesson annonce à Claude Gallimard vouloir s'atteler à un projet ambitieux, un « gros livre », qui tourne autour du Créateur. Il a déjà des titres en tête *Dieu, sa vie, son œuvre* ou encore *Dieu, histoire*, ou *Dieu, roman*. L'avocat Georges Kiejman est chargé de les verrouiller légalement, afin que personne ne les lui vole. L'écrivain se met au travail, il imagine le roman de la création du monde, les tergiversations de Dieu, ce grand Tout « à l'origine de tout », avant et après s'être attelé à la tâche. « À l'origine (s'il y en eut une), le rien et le tout étaient confondus, indique-t-il. Dieu flottait, infini, immobile (incréé par sa nature ?). Un grand mystère est cette idée de l'Autre qui a traversé Dieu, être parfait qui se suffit à lui-même. Plutôt que rester Narcisse à se complaire dans son reflet, il a l'idée d'une manifestation à être et à aimer. Dieu crée l'Autre, c'est-à-dire Lucifer et sa liberté, dont le mal qui est l'opposition à l'immobilité repue de Dieu. Sans cette liberté, toute création resterait confondue en Dieu. L'orgueil du Diable est plein de Dieu, mais enivré de lui-même comme ce que Dieu ne veut pas être. Ainsi naît le mal dans le bien. Le mal était nécessaire, faute de quoi le monde n'aurait pu exister. » Cinq cents pages, denses, désordonnées, savantes, entre le conte philosophique et l'essai historique, où ressurgit soudain, en exemple de créature divine, Chateaubriand.

C'est son héros, l'Enchanteur dont il connaît la vie, la prose par cœur et auquel, secrètement, il s'identifie. François René, ce petit homme au sang bleu, chrétien, républicain, royaliste, soi-disant dédaigneux des honneurs et si habile pour les amasser, ce carnassier assoiffé d'amour et de liberté. Que de correspondances réelles ou fantasmées...

Malcy, en bonne éditrice, suggère de creuser le sujet. Pourquoi ne pas écrire une biographie sentimentale de Chateaubriand ? Jean d'O s'emballe, plongée dans ses écrits, les lettres adressées à ses maîtresses, les archives conservées dans sa demeure, la Vallée-aux Loups, dont il préside le comité d'études. Bonheur à peindre le maestro, comme un peu de lui-même : « Il a beaucoup de charme, de générosité et de génie, il unit non seulement un égoïsme farouche, mais une duplicité infiniment renouvelée qui n'était peut-être que l'expression d'une nature fondamentalement déchirée et contradictoire... » Dix pages plus loin : « Ce qu'il est permis de se demander, c'est pourquoi ce petit, plutôt mal fait, mélancolique jusqu'à l'amertume, avec sa double réputation de séducteur redoutable et de catholique pratiquant, plaisait-il tant aux femmes [...]. Il avait la mélancolie gaie, l'amertume distrayante ; ce rêveur était un rieur... » Psychanalyse littéraire, jeu de miroir à travers les femmes. Chateaubriand non plus n'est pas tendre avec la sienne, Céleste, épousée sans élan, « un mariage d'argent », avoue-t-il. « Elle m'admire sans avoir lu deux lignes de mes ouvrages..., écrit l'auteur des *Mémoires d'outre-tombe*. Somme toute lorsque je considère l'ensemble et l'imperfection de ma nature, est-il certain que le mariage ait gâché ma destinée ? La contrainte de mes sentiments, le mystère de mes pensées ont peut-être augmenté l'énergie de mes accents, animé mes ouvrages d'une fièvre intense, d'une flamme cachée qui se fût dissipée à l'air libre de l'amour. » Jean d'O interprète, sans doute inspiré par ses propres sentiments. « Sa femme lui était indispensable pour l'ordre, pour la continuité, pour la contrainte sans doute, peut-être aussi pour la liberté : paradoxalement, elle le protégeait des autres femmes et de leurs tentations d'encerclement. » Soudain, il se prend au jeu, vibre avec Juliette Récamier, la maîtresse en larmes au pied du lit de mort de Chateaubriand. Elle aussi a foudroyé l'écrivain dès le premier regard, sylphide sur un sofa bleu, avec ce

« mélange inextricable de pureté et de sensualité... une grâce et une retenue naturelles ». Elle est la protectrice, lettrée, charnelle et maternelle, celle à qui Chateaubriand envoie des billets doux qui ressemblent étrangement à ceux que le comte d'Ormesson susurre au téléphone. « Bonsoir ange. À demain matin et puis à demain au soir.... Je vous aime, je vous aimerai toujours... et puis je serai à vous à jamais. » Jean dissèque avec passion le cœur de François René. Sa plume jubile, les pages filent, le titre surgit, évident. Il l'inscrit au feutre sur le manuscrit déposé un soir chez Malcy : *Mon dernier rêve sera pour vous.*

En amour, il tient la route. Pour le reste... Chateaubriand a été exilé, guerrier, ministre, diplomate, toujours en action dans la France postrévolutionnaire. D'Ormesson, lui, a bien essayé de se faire nommer ambassadeur à Rome, au moins directeur de la villa Médicis. Mais ses amis Présidents, Pompidou comme Giscard, n'ont pas voulu le favoriser. Tant pis, Jean d'O brillera d'une autre manière. L'Unesco et *Diogène*, dont il assure désormais la direction, lui permettent toujours d'entretenir ses amitiés prestigieuses, comme Carlos Fuentes, Mario Vargas Llosa et surtout Jorge Luis Borges, qu'il voit régulièrement à Paris ou à Buenos Aires. L'auteur de *Labyrinthes*, fervent admirateur de Pinochet, espère encore décrocher le Nobel de littérature, raté à plusieurs reprises. Secrètement, Jean d'O en rêve aussi pour lui-même ; il s'en ouvre à ses proches, l'avoue même, sous forme de boutade, dans un de ses livres. Vite, il lui faut poursuivre son œuvre, faire un coup d'éclat.

Et pourquoi ne pas révolutionner l'Académie en faisant entrer une femme, pour la première fois, au fauteuil du regretté Roger Caillois ? L'idée est lancée dans l'appartement-musée de Maurice Rheims, rue du Faubourg-Saint-Honoré, où toute une bande d'Immortels se réunit le dimanche soir, autour d'un savoureux dîner. Un nom s'impose naturellement, celui de Marguerite Yourcenar. L'auteur des *Mémoires d'Hadrien* ne fait pas partie de leur cercle, ni de leur bord politique ; mais justement. Elle est célèbre, respectée, elle a écrit sur Roger Caillois, vécu avec une femme, défendu avec Bardot la cause animale. Ce serait un coup d'enfer. Encore faut-il convaincre la romancière exilée aux États-Unis. Jean d'O se rend chez elle, à Mount Desert Island, dans le Maine. Il s'arrange pour médiatiser l'événement en direct dans la célèbre émission de Jacques Chancel, *Radioscopies*, sur France Inter. Yourcenar, soixante-dix-sept ans, fait la fine bouche, le cérémonial l'emmerde, elle n'écrira pas de lettres, et ne portera pas l'épée. Mais sous ces conditions, elle veut bien se présenter. Succès sur les ondes et tempête sous la Coupole.

Ça grogne, tergiverse, de vieux habits verts doutent que Yourcenar, née en Belgique, soit réellement française. Haro sur le coupable, d'Ormesson, ce « gauchiste » ou ce « galopin », sans doute téléguidé par Giscard, soucieux de soigner sa popularité en fin de mandat. André Chamson l'interpelle en pleine séance : « Notre jeune confrère qui a tant de talent fait cela parce qu'il aime tellement la télévision… » Jean d'O quitte la salle, suivi par ses fidèles Maurice Rheims et Félicien Marceau. Il jubile, l'opinion est avec lui, la victoire acquise. Marguerite Yourcenar est élue le 6 mai 1980.

Elle l'apprend à Miami, avec son nouvel amour, un jeune homme, sur le pont du *Mermoz* en partance pour les Caraïbes. Son bienfaiteur répond volontiers aux interviews à sa place. « Ce fut un long combat, c'est moi seul qui l'ai fait entrer, portes fermées, à double tour, cadenassées », déclare-t-il. Et le lendemain, pleine page dans *Le Figaro* : « Vive la littérature ! » Le discours qu'il prononce pour la nouvelle élue restera dans les annales du féminisme, belle pirouette pour d'Ormesson qui n'a jamais trop promu l'égalité des sexes. Le jour de la cérémonie, sa voix porte sous l'œil des caméras : « Je ne vous cacherai pas, Madame, que ce n'est pas parce que vous êtes une femme que vous êtes ici aujourd'hui : c'est parce que vous êtes un grand écrivain. Être une femme ne suffit toujours pas pour s'asseoir sous la Coupole. Mais être une femme ne suffit plus pour être empêchée de s'y asseoir... C'est à nous de vous remercier, non pas de l'accident de votre sexe, mais de la fermeté de votre écriture et de la hauteur de votre pensée. » Un triomphe.

Toute la France sait désormais qui est Jean d'Ormesson. Il n'y a qu'un jeune pâtissier enfermé en cuisine pour l'ignorer encore. Olivier Cadot se présente en 1981 devant l'hôtel particulier du parc Saint-James pour un entretien d'embauche. Il a passé son enfance non loin, à Nanterre, où son père est gardien d'immeuble, mais Neuilly est un autre monde. Il sent bien qu'il entre dans une maison prestigieuse ; le poste lui a été recommandé par son ancienne patronne, la baronne van Zuylen, reine de la haute, apparentée aux Rothschild. Françoise le passe sur le grill, le mari aux yeux bleus lui dit vaguement quelque chose. Il le prend pour l'héritier d'un domaine viticole. « Je venais d'acheter une bouteille de minervois, marquée domaine d'Ormesson, se souvient-il. Heureusement, je n'ai pas gaffé pendant l'entretien ! » Olivier découvre rapidement la notoriété de « M. le Comte », comme on lui demande de l'appeler. Des lettres d'admirateurs affluent dans la boîte aux lettres, le téléphone sonne sans cesse. Jean d'O a changé de dimension depuis qu'il passe à la télévision, que des millions de Français se sont passionnés pour la série tirée d'*Au plaisir de Dieu*. L'aristocrate plaît, il est vieille France mais pas bégueule, cultivé, racé, futé, mais toujours partant pour se moquer de lui-même. Et puis il y a ce regard éblouissant, ses longues tirades sur le bonheur qui donnent envie de prendre *illico* un billet pour les Cyclades. Il fait du bien dans la France morne des années 1980. TF1 lui confie une émission littéraire, *Livres en tête*, Antenne 2 l'invite à présenter *Parlez-moi d'histoire*, où des beautés s'empressent de venir le rejoindre, Charlotte Rampling pour évoquer Juliette Récamier, Inès de La Fressange à propos de Coco Chanel, ou Carole Bouquet sur George Sand. À soixante ans, l'écrivain se mue en bête cathodique. Chacun de ses passages à

Apostrophes fait flamber l'audimat, ainsi que les ventes de ses livres. Trois cent cinquante mille exemplaires pour sa bio sentimentale de Chateaubriand, presque autant pour l'édition de ses chroniques journalistiques, *Jean qui grogne, Jean qui rit*, rassemblées par Lattès. « Ça ne vous ennuie pas que je vous dise que vous êtes une star ? » lance Pivot en 1985. Il l'invite alors pour le premier volet de sa trilogie, *Le Vent du soir*, également éditée par Malcy chez Lattès. Une saga racontant, à travers un esprit qui rêve, le destin des sœurs O'Shaughnessy, inspirées des Mitford, valse frénétique dans les tourbillons de l'histoire, entre la crise de 1929, la montée du national-socialisme, la guerre d'Espagne, la Pologne, la Russie, l'Amérique du Sud. Jean d'O a rempli son roman à ras bord, sans craindre l'indigestion du lecteur. Même Héloïse lui a dit que c'était « *too much*. Papa, on dirait une bande dessinée ». Pivot semble aussi perplexe : « C'est un livre de femmes... Il y a au moins cinq ou six romans, là-dessus. » Perfide, il lance l'ennemi juré, Bernard Frank, « celui qui vous titille tout le temps ». Face caméra, le critique littéraire se contente d'une pique : « Nos rapports d'écrivains auraient pu être exquis si Jean d'Ormesson ne s'était pas entêté à écrire. » Réplique immédiate, œil gourmand, bouche rieuse. « Moi je me suis entêté à écrire et Bernard Frank à ne pas écrire... » Ce soir, l'adversaire ne veut pas polémiquer : « Allez, je crois qu'il faut lui laisser le dernier mot, j'attends le tome deux et le tome trois. » Et Pivot, dans un cri du cœur : « Mais là, vous l'encouragez à écrire encore ! »

Il n'arrête jamais, Jean d'O, entre deux colloques à Rhodes ou à Venise sur les « Routes de la soie ». Chaque année, un nouveau livre, et chaque semaine des articles dans *Le Figaro* ou *Le Figaro magazine*. Là, il n'est plus l'écrivain du bonheur mais l'homme de droite, conservateur et libéral, concentré sur sa cible fétiche : François Mitterrand. Jusqu'à la veille de son élection, en mai 1981, il a agité tous les épouvantails afin de tenter d'empêcher l'arrivée de la gauche au pouvoir : « Voulez-vous accroître le pouvoir et les contraintes d'un État anonyme [...] ? Voulez-vous augmenter le nombre des fonctionnaires, des contrôleurs, des parasites collectifs [...]? Voulez-vous transformer définitivement la France en un pays d'assistés ? Voulez-vous faire passer l'inflation à 20 ou 25 % ? » Non ? Alors, conseillait-il, votez Giscard. Au lendemain du scrutin, d'une plume grandiloquente, l'éditorialiste convoquait Mitterrand au « tribunal de l'histoire ». Grand frisson avec l'entrée de quatre ministres communistes au gouvernement, tandis que le beau-père Béghin rapatriait sa fortune en Suisse. L'été, de Fornali, sur son transat, Jean d'O appelait à la « résistance ». Depuis, *Le Canard enchaîné* l'épingle régulièrement dans ses pages. Le comte d'Ormesson n'en finit pas de tartiner sur Mitterrand, longs éditos entortillés, pointant ses roueries, ses contorsions sur la scène internationale, son « mutisme verbeux », son obsession de lui-même et du pouvoir, sa façon de tromper tout le monde, et d'abord ses amis communistes. « Dr Jekyll et Mr Hyde », l'appelle-t-il en 1987. Changer la vie, tu parles, les promesses ont abouti au désastre, crise économique, montée du chômage et cette « nouvelle pauvreté, un des fruits amers du socialisme français ». Et le voilà pourtant réélu contre Chirac. Ô rage, et encore du commentaire chaque semaine, avec cet art de toujours dire la même chose sans s'épuiser. Encore un « portrait de Dieu en majesté » en 1991. « C'est un curieux destin que celui d'un homme qui a été élu pour ce qu'il faisait semblant d'être et qui ne reste au pouvoir que parce qu'il est devenu le contraire de lui-même. » Les attaques restent politiques. Pas un mot évidemment sur Mazarine dont il connaît depuis longtemps l'existence, grâce à son sulfureux informateur, Jean-Edern Hallier.

Jean d'O cache d'autres choses à ses lecteurs. En réalité, il ne déteste pas Mitterrand, il le courtise même depuis son accession au pouvoir, soucieux de conserver ses entrées à l'Élysée. Près de quarante ans plus tard, il ne s'en cache pas : « Je lui ai adressé un petit mot après son élection pour le remercier des propos aimables qu'il avait tenus à mon égard, lors d'un déplacement en province. Dommage qu'un si bon écrivain soit si stupide politiquement, avait-il dit en substance.

Mon ego avait apprécié. Je lui ai écrit : je sais que j'ai publié un article délirant sur vous en vous convoquant au tribunal de l'histoire… Et il m'a invité, à l'Élysée, pour discuter, lors de remises de Légion d'honneur comme celle de Borges, une sorte d'amitié est née. » Dans le grand jeu de dupes de la politique, ces deux-là se sont trouvés. Rien de plus amusant que de séduire un adversaire, surtout quand il vous ressemble un peu. François Mitterrand et Jean d'Ormesson n'ont pas seulement le même tailleur, Cifonelli, rue Marbeuf, qui fait essayer à domicile ses costumes à 30 000 francs pièce ; ils ont les mêmes références culturelles, une certaine idée de la France éternelle, un goût partagé pour la littérature, le mensonge, les femmes. Ils ont d'ailleurs aimé la même : Charete, liaison du premier secrétaire du PS dans les années 1970. À l'époque, un dîner les avait même réunis tous les trois, avec Françoise. Pensée pour la charmante décédée bien jeune. Les entrelacs de la vie chers au romancier n'en finissent donc jamais.

Jean d'O est fasciné par le machiavélisme du monarque, sa façon d'être de droite au fond, en ayant conquis la gauche, par l'union, sans hésiter à berner les « cocos », sa double vie, sa résistance à la maladie. Évidemment, dans *Le Figaro*, sur les plateaux de télé, il continue de le critiquer. En septembre 1992, sur TF1, il lui demande même, droit dans les yeux, de démissionner si le « oui » à Maastricht l'emporte, afin de renforcer les chances de succès de ratification du traité. Sinon, ses opposants, par pure défiance et non contre l'Europe, risquent de voter contre. Rhétorique pure, l'éditorialiste, fier de lui, en remet une couche dans son journal. Il veut mettre Mitterrand à genoux. Rien ne l'arrête, en ce début des années 1990, il se sent tout-puissant.

Un matin d'hiver 2016, il m'appelle tout feu tout flamme. La nuit a été « délicieuse » et une idée a surgi dans son bol d'Ovomaltine : « Voudriez-vous que l'on se retrouve au Palais-Royal vers 20 heures ? On pourrait dîner ensemble. » Il débarque en taxi, flanelle grise, les mains dans les poches. Le quartier lui rappelle de bons souvenirs ; il venait souvent là, chez Emmanuel Berl, où passaient, dans les années 1960, d'autres jeunes disciples, Patrick Modiano, Françoise Hardy, tous éblouis par la sagesse drôle et lumineuse du philosophe. Jean d'Ormesson l'avait alors convaincu de lui accorder, pour France Culture, une série d'entretiens sur la vie, l'amour, l'écriture à Saint-Tropez, Proust, Aragon, la judéité... qu'il eut à cœur de faire publier après sa mort.

Grasset rassemble ces conversations, *Tant que vous penserez à moi* paraît en 1992. Cette année-là, Jean d'O s'est installé tout près de son ancien mentor, rue Montpensier. Il veut y retourner, ce soir, en longeant les arcades, à l'abri du vent glacé, encore quelques pas, première à gauche. Numéro 12. « Ma garçonnière », indique-t-il. Le regard étincelle, l'index droit pointe le dernier étage : « C'était là, je louais à une femme charmante, l'épouse du directeur de Polytechnique. L'appartement n'était pas immense, mais il y avait une vue splendide sur les jardins. » Je me demande pourquoi il m'amène ici, sous les fenêtres de ses vies cachées. Le temps passe et les verrous sautent, un à un, comme si l'écrivain voulait se dépouiller, ou peut-être polir sa légende. « Allez, c'est assez, dit-il en agrippant mon bras. Allons dîner, j'ai réservé au Grand Véfour. »

Dans ce temple de la gastronomie bercé par les arbres du Palais-Royal, « Monsieur d'Ormesson » est accueilli comme un prince ; il remercie, gentils sourires, « épatant » la table un peu à l'écart. Le souvenir des habitués d'antan, Aragon, Colette, Cocteau, danse dans les rosaces colorées du plafond. À côté, les touristes en ont plein les yeux et les papilles. On s'enfonce dans les banquettes pourpres. Pourquoi ne pas commencer par un petit bloody mary ? Il le suçote à la cuillère, fait mine d'écouter les explications du maître d'hôtel, mocassins Weston bouillant sous la nappe. Va pour le pigeon Prince Rainier III farci aux truffes, spécialité de la maison. Et nous revenons en arrière, comme souvent, lorsqu'il s'est laissé aller à d'intimes confidences. La valse, toujours, à son rythme. « Savez-vous que mon ancêtre révolutionnaire, le fameux Lepeletier est mort à deux pas d'ici dans un restaurant qui s'appelait à l'époque Février ? » C'était en 1793, le régicide dînait tranquillement quand un poignard, celui d'un ancien garde de Louis XVI, transperça ses entrailles. « C'est toi, scélérat de Lepeletier, qui as voté la mort du roi », aurait dit l'assassin. Jean d'O oublie qu'il m'a déjà conté l'épisode ; il est prêt à dégainer l'histoire du portrait de David emmuré à Saint-Fargeau. « Ça va, vous vous y retrouvez dans la généalogie de la famille ? » Je réponds que j'y vois en tout cas plus clair que dans sa vie à lui. Il rit

dans sa serviette : « Que voulez-vous savoir ? »
Je lui demande pourquoi il m'a montré sa garçonnière. A-t-il voulu partir un jour, quitter Neuilly, vivre en conformité avec ses amours ? Regard furibard : « Quelle est cette obsession contemporaine de vouloir tout mettre à sac ? On peut très bien faire sans. » Silence, le pigeon fume dans l'assiette : « C'est simple, à l'époque, j'avais des envies de liberté. »

Ça lui a pris comme une poussée d'adolescence, à soixante-sept ans. Avenue du Parc-Saint-James, tous se demandent quelle mouche a piqué M. le Comte. « Mettez quelques affaires dans ma voiture, ordonne-t-il. Je pars en Corse. » Olivier trouve étrange qu'il se charge plus qu'à l'ordinaire, et qu'il veuille aussi emporter son loden ; évidemment, il ne pose pas de questions. La femme de chambre exécute, Françoise hausse les épaules : Jean prétexte qu'il a besoin d'un endroit tranquille pour écrire et recevoir les journalistes. Fort bien. Elle l'aide même à s'installer. « Tout ça ne durera pas, se rassure-t-elle. Quand il faudra réparer les fuites d'eau et payer la facture d'électricité, il reviendra. » C'est ce qu'elle dit à Malcy, qui s'occupe aussi de l'emménagement. Désormais, les deux femmes se parlent. Après quasiment vingt ans de guerre froide, Françoise a pris les devants, poussée par Maurice Rheims qui lui a conseillé : « Maintenant, très chère, il est temps de faire la paix. » Elle s'y résout : « Mieux vaut faire entrer le loup dans la bergerie », confie-t-elle à ses amies qui s'amusent de son « côté reine du harem », original pour une fille du Nord. En ce début des années 1990, elle a ainsi suggéré à Jean d'inviter son éditrice à Fornali.

Le temps a passé, la passion aussi, même si les liens restent forts. Malcy a fini par s'autoriser, à son tour, quelques libertés. Elle a succombé à un homme d'affaires, un juif d'origine égyptienne, Sam Mansour, qui fut le premier mari de la poétesse chérie des surréalistes, Joyce Mansour, et, par ces hasards toujours fous de la vie, l'amant de Pascaline Béghin, la sœur de Françoise. Il a des yeux de braise, ténébreux, curieux, dévorants, du panache, de la fortune issue des composants électroniques – ou peut-être de la vente d'armes, disent certains –, une incroyable collection d'arts premiers à faire pâlir de jalousie son grand complice, Maurice Rheims. Les œuvres s'exposent chez lui, boulevard Suchet, dans l'un des prestigieux immeubles Walter où résident Pierre Balmain, Catherine Deneuve, les Dassault. Jean l'aurait bien tué, « l'Oriental ». Pas un mot pendant cinq ans, puis comme toujours, il a séduit l'adversaire avant de l'adorer. Il en oublie même d'aller voir son meilleur ami, Philippe Baer, atteint d'une terrible maladie du cerveau. La déchéance lui fait peur, il préfère ceux qui brillent. Sam Mansour lui inspirera un roman, doux et nostalgique, *Voyez comme on danse*, qui s'ouvre sur ces mots : « Longtemps, je l'avais détesté. Nous avions aimé la même femme. Et il était mon ami… Il ne croyait à rien, se moquait de tout. Il avait un don assez rare : c'était d'enchanter la vie… Il passait : un soleil intérieur se mettait à briller. » Les deux amours de Malcy dînent avec elle et Françoise ; ils partent en bande à Venise, en croisière, le long des côtes méditerranéennes, puis un été, seuls, entre hommes, sur un immense voilier. Jean d'O apprécie le charme égyptien, d'autant qu'il est tombé, lui aussi, amoureux d'une fille venue du pays des pharaons.

Elle est arrivée à l'Unesco, au département de philosophie, recommandée par sa mère, une Copte du Caire, médecin et diplomate, longtemps exilée à New York. Ayyam Wassef, un mirage. Port de reine, longues jambes, deux yeux comme des éclats d'obsidienne, des cheveux épais, noirs, jusqu'à la taille. Et, sous la rigueur de normalienne, un tempérament de feu. Jean d'Ormesson est foudroyé. Dominique, sa secrétaire, sent que, cette fois, il va avoir du mal à s'en remettre. Elle protège son patron qu'elle adore ; il l'a recrutée en cinq minutes, après lui avoir fait faire une brève dictée, avant de rire à ses fautes d'orthographe. Cette Bretonne à l'œil clair, bonne fille solide, fiable et célibataire, lui est devenue indispensable : elle assure l'intendance à l'Unesco, déchiffre ses feuilles volantes illisibles qu'il appelle manuscrit, les tape à la machine, s'attaque de temps à autre au bazar, tous ces livres, ces invitations, ces lettres d'amour reçues, envoyées... « Monsieur fait le joli cœur », dit-elle, toujours indulgente. Là, c'est différent. Il inclut la belle Égyptienne dans tous ses projets, la charge d'organiser des colloques, l'emmène dès qu'il peut en voyage. Un jour, il est surpris à l'embrasser fougueusement dans sa Mercedes. Ça jase dans les couloirs.

Françoise apprend la nouvelle par Pascaline, toujours étrangement proche de son époux. « Voilà, dit-elle, Jean m'a chargée de te dire qu'il était amoureux et qu'il allait partir. » La jeune Ayyam, vingt-sept ans, a chamboulé ses principes ; il se dit prêt, pour elle, à refaire sa vie. Partir de zéro, comme Héloïse qui s'apprête à convoler avec un éditeur, un garçon bouillonnant droit sorti d'un film de Woody Allen, Manuel Carcassonne. « Que voulez-vous ? Héloïse n'aime que les intellectuels juifs, souffle Jean d'O. Mais celui-ci est fort sympathique. » Il libère même son bureau pour que le jeune couple puisse s'installer chez lui, à Neuilly, au deuxième étage de la maison. De toute façon, dans quelques mois, si tout va bien, il aura fait son nid ailleurs. La location du Palais-Royal n'est qu'un pied-à-terre où, la plupart du temps, il ne passe pas la nuit. Retourner faubourg Saint-Germain lui plairait bien. À l'aube de ses soixante-dix ans, l'académicien danse sur un nuage, Berl avait raison, oui, l'amour peut être heureux. Mais la belle Ayyam prend bientôt ses distances, au moment où il la désigne pour prendre sa place à l'Unesco. Elle en aime un autre, un homme que lui a présenté Jean, l'Inséparable avec qui il déjeune trois fois par semaine et qu'il embarque chaque été à Fornali ; son fils rêvé, esprit supérieur et plume leste, plus mordante, plus ombrageuse que la sienne ; celui à qui il s'est confié, mille heures durant, pour un livre d'entretiens paru en 1989 chez Gallimard, *Garçon de quoi écrire*. François Sureau. Aucun rival n'aurait pu lui faire plus mal.

L'avocat porte en lui la jeunesse, trente-deux ans de moins, et cette fougue combattante, forgée à l'armée, dans la Légion puis dans les prétoires, quand il a quitté la fonction publique pour devenir avocat. Il lui a raconté sa guerre en Yougoslavie, ses missions secrètes. « On ne peut tout de même pas, disait-il, se contenter de Pivot et de l'Académie dans la vie. » Jean d'O avait beau évoquer devant lui son stage chez les parachutistes, parfois même montrer du courage – dans un café de Montpellier, après une conférence, il menaça un malabar qui avait traité un client de « bougnoule » –, il n'en menait pas large. Que valait-il face à Sureau et Deniau, le grand fauve toujours en lutte, par monts et par vaux, du Cambodge en Afghanistan ? Petite crise existentielle au tournant des années 1980-1990. Les éditos ne lui suffisaient plus. M. le Comte a voulu sortir de sa bulle, quitter Neuilly, le musée Grévin, les remises de prix, enfin se frotter au terrain. En 1989, départ pour Beyrouth, alors en pleine guerre, coupé en deux, sous blocus syrien. Frédérique Deniau, engagée sur place aux côtés des chrétiens, cherchait des personnalités pour monter un coup médiatique, leur faire demander symboliquement la nationalité libanaise, organiser une rencontre avec le général Aoun sur les décombres du palais de Baabda. Yves Montand s'est dégonflé ; Jean d'O, lui, a sauté dans l'hélicoptère : « Allez, on y va, ça a du sens ! » Et il a chanté *Liban libre*, avec Guy Béart, entre les chars et les bombes.

Deux ans plus tard, après s'être ému dans *Le Figaro* du sort de l'ex-Yougoslavie et des ravages de la guerre civile, il voulait sauter en parachute sur Dubrovnik. L'opération, imaginée avec BHL, n'a finalement pas eu lieu. Mais en juin 1994, l'académicien prépare son treillis pour le Rwanda. Il veut partir en tant qu'envoyé spécial du *Figaro*. Les reporters chevronnés du journal, qui couvrent le conflit, hallucinent. Françoise s'inquiète : pourquoi jouer les têtes brûlées quand on vient d'être grand-père d'une petite Marie-Sarah, née un mois plus tôt à l'Hôpital américain ? Elle tente de le dissuader. Jean d'O s'obstine comme un désespéré. Il fait des pieds et des mains pour partir, jusqu'à solliciter le cabinet de son ami Premier ministre, Édouard Balladur. Autorisation accordée. Le lieutenant-colonel Bolelli est chargé de l'accueillir à Goma, dans cette terre volcanique où l'épidémie de choléra galope entre les morts ; les réfugiés affluent par milliers. « On avait essayé de faire annuler sa venue, se souvient le militaire, aujourd'hui général. Les combats, les massacres, la situation sanitaire, tout était compliqué. Mais Paris nous a dit que M. d'Ormesson arrivait en hélicoptère, je l'ai récupéré en jeep. Il est arrivé avec un petit baluchon, sa chemise bleue un peu élimée, sous la veste de camouflage. » Sur le chemin, Bolelli lui confesse être un de ses admirateurs, il a adoré *Prison maritime*. « Je le dirai à l'auteur, mon ami Michel Mohrt », l'interrompt Jean d'O, amusé de cette méprise. Il s'étonne de l'altitude de Goma, près de 1 500 m, puis confie : « Vous savez, c'est le premier reportage de ma vie. » Le haut gradé s'inquiète : avec sa faible connaissance du terrain, son minuscule carnet et son écriture lyrique, toute penchée, le romancier risque d'écrire des bêtises. Mais le charme opère : « Jean d'Ormesson s'intégrait partout, sous la tente, avec les soldats, les parachutistes, cabot, bien élevé, bienveillant, toujours le bon mot, la vraie intelligence du cœur. » Il ne bronche pas quand l'hélicoptère qui l'emmène survoler les camps de réfugiés prend une balle et atterrit en urgence ; quand la jeep le débarque dans un hôpital de campagne où les hommes hurlent, plaies à vif, dans la puanteur de la gangrène gazeuse. L'apprenti reporter observe, silencieux, pétrifié devant cet enfant tutsi, que les hutus ont massacré avec une barre de fer, puis jeté au feu. Il pense à *L'Espoir* de Malraux. Mais à son retour à Paris, la plume se bride, comme souvent. Ses trois articles, publiés les 19, 20 et 21 juillet dans *Le Figaro*, restent brillamment à la surface des choses. Il renvoie les deux camps dos à dos, comme si l'ONU ne venait pas de qualifier le massacre des tutsis de « génocide », il ne questionne pas les ventes d'armes, ni le rôle de l'armée française. « S'il faut tirer une leçon du Rwanda, c'est que les hommes sont tous coupables et qu'ils sont tous innocents », écrit-il. Style pompier, parfois : « Attention, il va y avoir des larmes. Âmes sensibles s'abstenir : le sang va couler à flots sous les coups de machette. [...] Partout dans les villes, dans les villages, dans les collines, dans la forêt, dans les vallées, le long des rives ravissantes du lac Kivu, le sang a coulé à flots – et coule sans doute encore. Ce sont des massacres grandioses dans des paysages sublimes. »

Cet été-là, le soleil corse est morose. Fornali a perdu son maître, Ferdinand Béghin, mort de vieillesse, après avoir été ensorcelé par une jeunette dépensière qui l'a exilé loin des siens, à Marbella. Françoise et ses sœurs ont dû batailler pour le revoir et préserver leur héritage. L'Imperator a même rechigné à recevoir Héloïse, furieux qu'elle ait enfanté avec un juif. Elle se remet doucement du deuil et de son accouchement. Jean d'O, lui, traîne en espadrilles sur la terrasse, sans appétit. Il ne veut même pas se rendre à Saint-Florent pour sa traditionnelle conférence annuelle. Comment pourrait-il parler de Chateaubriand, de plaisir et d'amour ? « Après le Rwanda, ce n'est plus possible », confie-t-il à son amie Frédérique Deniau.

Son cœur est en vrac, pas seulement à cause des horreurs de Goma. Malgré tous ses efforts pour la reconquérir, malgré les engagements, les reportages à risques, les brassées de fleurs, Ayyam est partie. Cet été maudit, elle a épousé François Sureau. Jean s'envole vers Symi, ce paradis des Cyclades où il a été si heureux. « Quinze jours, seul », se souvient-il un jeudi de 2016, à la fin d'un déjeuner chez lui. Des larmes percent dans les yeux Morgan. Il ferme les paupières : « Là, j'ai souffert. » Long silence, heureusement rompu par Olivier, qui apparaît le bras chargé d'une tarte Tatin tiède. Grosse cuillerée de crème fouettée, la conversation reprend sur Macron. J'apprendrai plus tard que la belle Égyptienne est devenue mère, de trois enfants. Elle quittera l'Unesco, s'engagera avec son mari au sein de l'association Pierre Claver, créée à Paris, dans le VIIe, en faveur des réfugiés. Un jour, Ayyam acceptera de revenir déjeuner à Neuilly. François Sureau, lui, n'y met plus les pieds.

Annus horribilis. Pour démarrer son prochain livre, *La Douane de mer*, Jean d'O imagine sa mort, le cœur qui flanche à Venise dans les bras d'une femme. « À A. », écrit-il en dédicace. Malcy l'aide à surmonter son chagrin. Fin décembre, il dresse dans *Le Figaro* un sinistre bilan politique aux teintes personnelles. « 1994 aura été une année un peu grise, un peu médiocre, une année un peu glauque, marquée par les scandales et les divisions. Peut-être aussi une année shakespearienne, pleine de bruit et de fureur, avec des ascensions fulgurantes et des chutes retentissantes, sous le regard encore vif mais déjà marqué par la douleur d'un roi Lear vieillissant. » La campagne présidentielle requinque un peu sa plume. Il soutient Chirac, après avoir milité pour Balladur et son jeune destrier, Sarkozy, le maire de Neuilly qu'il affectionne. Enfin, la droite gagne après quatorze années de socialisme. Et Mitterrand s'en va.

« Je reçois un coup de fil deux jours avant la passation de pouvoir, me confie Jean d'O dans son bureau, en désignant le téléphone enfoui sous la paperasse. Je croyais à une farce de Jean-Edern Hallier, mais c'était bien lui, Mitterrand, il m'invitait à prendre un petit déjeuner au matin de son départ. Si vous venez à 9 heures, disait-il, nous aurons deux bonnes heures. » Ce sera donc le dernier reçu à l'Élysée. Stupeur, jubilation, vite appeler Malcy pour lui raconter l'événement. Le 17 mai 1995, Jean d'Ormesson file vers le palais. À l'entrée, un appariteur le reconnaît : « Vous êtes en avance, vous venez pour la réception de M. Chirac ? » Non, le Président, pour quelques heures encore, l'attend dans son bureau. Teint de cire, souffle lent, la vie ne tient plus qu'à un fil. Thé-croissants crépusculaire, sous l'œil inquiet du fidèle docteur Tarot. Mitterrand, tordu de douleur, parle de la fin, des « forces supérieures de l'esprit » qui l'aident à tenir. « Pensez-vous qu'il y a quelque chose après ? » L'écrivain évoque ses propres espérances, le mystère de l'existence de Dieu qu'il ressasse de plus en plus dans son esprit, et dans ses livres, même s'il se dit agnostique. La conversation glisse sur la littérature et le journalisme. Jean d'O la restitue, avec son humour habituel. « Je lui demande "Pourquoi moi ? Pourquoi m'avoir choisi moi aujourd'hui ?" Il me répond : "Vous qui m'avez tant attaqué... Vous savez ce qu'il y a avec vous : vous êtes charmant, mais vous n'êtes pas très intelligent. J'ai mis les communistes dans mon gouvernement, vous n'avez pas compris que c'était pour détruire le PC." » La politique reprend ses droits, le roi est amer, l'impression d'avoir été lâché par ses amis socialistes. « Il m'a flingué la gauche, se souvient Jean d'O, Jacques Attali et son *Verbatim*, il disait "tout est faux". Il a eu des mots durs pour Balladur, qu'il traitait de grand mou, mais m'a dit du bien de Chirac et de Jospin. » Puis Mitterrand revient sur la polémique, sortie six mois plus tôt, concernant ses liens avec Bousquet, l'ancien secrétaire de la Police de Vichy. « Je lui dis : il n'était quand même pas formidable, ce Bousquet. – Oui mais c'est un être merveilleux et je mets l'amitié au-dessus de tout. L'affaire a été montée en épingle. C'est là qu'il me parle de l'influence puissante et nocive du lobby juif de France. » À l'époque, Jean d'Ormesson n'en parle pas. Il attendra la mort du monarque pour révéler, en 1999, dans *Le Rapport Gabriel*, ces propos scandaleux. Pour l'heure, il s'en amuse : « La dernière fois que j'ai entendu une telle expression, c'était dans la bouche de ma grand-mère ! » Le docteur Tarot annonce qu'il faut en finir, la cérémonie de passation de pouvoir va débuter. Mitterrand se lève, fantôme aux yeux livides. « Eh bien, je passerai directement de M. d'Ormesson à M. Chirac. »

Dans la cour de l'Élysée, l'académicien salue ses amis du RPR venus assister au nouveau sacre et les commentateurs s'interrogent : pourquoi Mitterrand l'a-t-il choisi, lui, comme ultime confident ? Pied de nez à la gauche, suggèrent certains. « Le Président a toujours trouvé d'Ormesson divertissant, rappelle Jean Daniel, le fondateur du *Nouvel Observateur*. Et il n'est pas insensible à la force de son nom, à ce qu'il charrie symboliquement. » Pour son beau-frère, Roger Hanin, c'est simple : « François a voulu s'amuser, il a choisi le plus con. » La réplique du comédien plaît beaucoup à Jean d'O. Je l'ai lue quinze fois dans ses interviews. Il me la ressort sur son vieux sofa. Ah, cette manie toujours de se déprécier, pour mieux se faire aimer. Je le charrie un peu : « *Fishing for compliments*, disent les Anglais. » Il attrape un kanouga, sourire taquin : « Ma chère Sophie, je n'ai de leçon d'humilité à recevoir de personne. »

Françoise d'Ormesson est formelle : « Tout glisse sur Jean », dit-elle en m'invitant à prendre place dans sa cuisine. Hiver 2017, déjeuner en tête à tête, sans Olivier, sans la femme de chambre. Salade de mâche et ragoût de bœuf réchauffé. À l'aube de ses quatre-vingts ans, l'héritière ne fait plus de manières. Elle évoque l'Absent au présent, l'œil brun voilé, émotion vissée dans le ton d'adjudant. La défiance a disparu ; elle me touche avec ses ballerines à nœuds, ses joues pâles lourdement poudrées. Le rose dépasse légèrement sur ses lèvres fines. « Avec Jean, on ne discute jamais de ses livres ; simplement je vois qu'il est un peu flottant quand il en a fini un, il a du mal à le lâcher, il fait son *baby blues*. Et puis ça passe, il repart vite sur un autre projet. L'avis des autres lui importe assez peu finalement. Il ne lit pas les critiques. » C'est du moins ce que son mari prétend. Haussement d'épaules quand Françoise passe une tête dans son bureau en lui disant : « Tu devrais regarder cet article, tout de même... rude. » Jean attend d'être seul pour dévorer la presse achetée par Olivier, et éplucher ce qui le concerne. Les commentaires se font avec Malcy, par téléphone, ou dans l'intimité, à cœur ouvert. L'éditrice est restée un peu attachée de presse ; elle donne son avis, relit ses interviews. Jean d'O bénéficie, pour chacun de ses ouvrages, d'une belle couverture médiatique, mais la crème du journalisme littéraire continue de lui manquer de déférence. Quand le prendra-t-on enfin pour un grand écrivain ?

Certes, le fidèle Rouart, désormais directeur du *Figaro littéraire*, n'oublie jamais de l'encenser, si bien que les mauvaises langues le surnomment en secret « Sganarelle ». L'ami Nourissier, lui, ne tombe pas dans le copinage. Les vacances princières à Fornali ne l'empêchent pas de balancer quelques vacheries sur Jean ; devant les journalistes, il pointe volontiers la légèreté de l'être et l'art du réseau cultivé sous le soleil corse. « Cher ami, je me suis surpris à rêver à tes autres vies possibles, écrit-il un été dans *Le Figaro magazine*. Si tu n'étais pas né avec la fameuse cuillère d'argent, fortifié de courtoisies, blindé de préjugés. Tu aurais été... un prof de rêve. » Pas un mot sur son œuvre. Ses confrères du *Monde* et de *Libération*, eux aussi, retiennent souvent leur enthousiasme, tout comme Jérôme Garcin, pilier de *L'Express* puis du *Nouvel Observateur*, grand maître du *Masque et la Plume* sur Inter. En 1996, il dézingue le nouvel opus philosophique de Jean d'O, *Presque rien sur presque tout* : il est « au roman ce que le *Quid* est à *La Comédie humaine*, le *Readers's digest* au *Mahabharata*. L'auteur a mis le "tout" en fiches, placé l'univers sur écoutes téléphoniques, fait la synthèse de quinze milliards d'années et passé l'être humain au scanner. Cela tient, au mieux, de l'éclatante dissertation sur la soupe primitive, l'âme du monde et l'ombre de Dieu, et l'on se sent ragaillardi ; au pis, de la causerie dominicale sur le chien, le chat, la liberté, le rire, et l'on a l'impression d'être une vieille paroissienne sommée d'écouter le conférencier. » Et ses truismes pointés au fil des pages : « le présent est une mince tranche de jambon prise en sandwich entre les deux tartines du passé et de l'avenir », « le sucre fond dans le thé », « l'univers est immense et la terre, minuscule », « l'hiver succède à l'été et les fleurs se rouvrent après s'être fermées... » En résumé : « Si Jean d'Ormesson malmène les lois du roman traditionnel, il ne révolutionne guère la pensée post-heideggérienne. »

Un an plus tard, nouvelle livraison. Le vieux sage redevient jeune homme, un insolent de un mètre quatre-vingt-neuf, oisif, rêveur, jouisseur, dans *Casimir mène la grande vie*, sorte de remake rocambolesque de *Robin des bois* autour de la place Vendôme. Il démarre en trombe : « Vous me demanderez peut-être, c'est une manie chez vous, pourquoi j'écris ce livre... Première réponse : je vous emmerde. » Quelques lignes plus loin : « La mélancolie du soir a bercé mon enfance... Mon grand-père aimait le passé. Moi, j'étais comme tout le monde, je préférais les filles et les baiser. » L'académicien se lâche.

Jérôme Garcin reçoit l'ouvrage, soigné comme toujours d'une aimable dédicace. Cette fois, il ne prend même pas la peine de le chroniquer. L'influent journaliste, auteur de jolis romans, n'aura jamais de mots élogieux sur la prose de son aîné. Officiellement, Jean d'O ne lui en veut pas : il ne déteste personne. « En réalité, confie un de ses proches. Il hait Garcin, presque autant que Bernard Frank. » Trente ans de sarcasmes, et le copain de Sagan continue de se déchaîner dans son nouveau journal, *Le Nouvel Observateur*. Petit marquis de droite, piètre romancier, martèle-t-il. Il faut avoir souffert pour savoir écrire, cesser un peu de tremper sa plume, en boucle, dans les joies du soleil et de la Méditerranée. Écrivain du bonheur... comme si cela pouvait exister. Et puis cette manie de toujours se raconter sur les ondes. Jean d'Ormesson feint l'indifférence, mais il souffre. À l'approche de l'an 2000, il songe même à se mettre à la diète médiatique.

C'est le moment où il résilie le bail de sa garçonnière du Palais-Royal et raccroche son loden à Neuilly. « À l'avenir, vous ne me verrez plus beaucoup dans les journaux », annonce-t-il dans la presse. Le régime est de courte durée. Mais il en sort plus offensif. Jean d'O ose enfin répondre à Bernard Frank, à l'endroit même où il sévit. Coup monté avec la complicité du directeur du *Nouvel Observateur*, Jean Daniel, ravi de rendre ce petit service à un académicien.

« Mon bourreau, mon amour », s'intitule l'article, trois pages rieuses dans lesquelles l'humilié règle élégamment ses comptes. Vraiment, quel génie ce Frank, écrit-il, être autant adulé, y compris par lui-même, quand on n'est qu'un « glossateur sans œuvre », toujours occupé à commenter celle des autres. « Des milliers de jeunes gens s'évanouissent de bonheur à la moindre de ses saillies. On dirait Patrick Bruel entouré de ses fans […]. Frank n'est jamais emmerdant. Mais pour dire n'importe quoi, il dit n'importe quoi.

Non seulement il ne lit pas les livres dont il parle, mais même quand il s'agit de choses sérieuses, il est d'une légèreté consternante. » Pour finir, des mots doux comme un calumet de la paix. « Je dis du mal de toi parce que je t'admire et je t'aime. Et tu pourras me répondre et me traîner dans la boue comme tu sais si bien le faire. À moins qu'à ton tour, pour me punir, tu ne choisisses de te taire ? Franchement, ça m'embêterait. J'avais pris l'habitude d'être traité par toi à l'égal des plus grands. Parce que tout ce que tu aimes, tu le détruis, à commencer par toi. Et tout ce que tu touches, même le plomb le plus vil, tu sais le changer en or. » Un petit jeu s'installe alors entre les frères ennemis.

Au début des années 2000, chacun dans son journal, ils entament un numéro de duettistes estival. Chroniques et piques hebdomadaires postées de leur lieu de vacances. Ça les amuse, les lecteurs picorent sur la plage. Et Frank finit par céder aux avances d'Ormesson. À l'heure du crépuscule, le solitaire vient volontiers déjeuner avenue du Parc-Saint-James avec son vieux chien et sa bouteille de vin. Il n'est pas toujours amène, moque parfois l'argenterie et les tableaux de chasse, mais il parle avec tant de poésie de la modernité et du grand âge, du « lit de feuilles » qui l'attend dans le petit cimetière israélite de Fontainebleau. « Je suis le dernier des Mohicans », grince Frank, c'était déjà le titre d'un de ses ouvrages, paru en 1958. Après sa mort, Jean d'O reprendra souvent l'expression, dédiant aussi un recueil de ses chroniques, à celui qu'il nomme « mon ami ».

Désormais, il ne se laisse plus marcher sur les pieds. Il s'autorise même ce qu'il n'a jamais fait en un demi-siècle : tancer un critique littéraire. Sébastien Lapaque est pourtant de sa famille, *Le Figaro*, un quadra en tout point respectable, malgré son physique de rugbyman, ancien élève du lycée militaire de Saint-Cyr, normalien, admirateur de Bernanos, la bonne droite caustique et cultivée. Il a toujours été aimable, a signé quelques articles agréables, avant de venir déjeuner à Neuilly, discussion fluide à parler de Sarkozy, Victoria Ocampo, le Brésil. Et voilà que le jeunot écrit dans un essai qu'aucune œuvre de Jean d'Ormesson ne figure dans sa bibliothèque idéale, qu'il se moque de sa façon d'annoncer toujours son livre ultime, comme Johnny fait ses derniers adieux. « Avec toute mon amitié », ose même Lapaque, en lui dédicaçant son ouvrage.

L'œil bleu est colère, ce soir de 2010, quand il aperçoit le journaliste du *Figaro* lors d'un dîner d'anniversaire organisé pour les cinquante ans d'Hervé Gaymard, l'ancien ministre des Finances de Chirac. Son épouse, Clara, brillante énarque, mère de ses neuf enfants, a réuni les vieux amis de l'UMP, des célébrités, comme Gérard Depardieu, Carole Bouquet et quelques écrivains. Jean d'Ormesson est accueilli en *guest star*, mais il n'a pas son sourire habituel. « Je ne m'assiérai pas à côté de Lapaque », lance-t-il. Il bout dans ses John Lobb. Soudain, il s'avance vers le journaliste et le gifle. Petite tape sèche, du haut de son mètre soixante-cinq. Stupéfaction dans les bulles de champagne. Lapaque serre les poings. Il plaide sa liberté d'écrivain, son « devoir d'insolence ». Et part, rouge de colère, au bras de sa femme. Son ami, Bernard Maris, en fera un poème dans *Charlie Hebdo* : « L'autre jour dans un salon/ Se pointa le vieux d'Ormesson/ Bouche ouverte sur le juron/ Sur Lapaque il se jeta/ Que croyez-vous qu'il arriva ? / Son dentier il avala.... Grand-père va pour le souffleter ! Non, mais ! On a le droit de ne pas lire d'Ormesson ! » À table, personne n'ose interpeller l'académicien. Lui d'ordinaire si doux, si madré, si contrôlé, quelle mouche l'a piqué... Les regards interloqués lui plaisent, il les savoure, puis marmonne : « Bien mérité ! J'en ai assez qu'on dise que je suis gentil. »

Tout est permis désormais. « Jean est sur l'Olympe », comme le dit, avec une pointe d'ironie tendre, Marc Fumaroli, son nouvel Inséparable du quai Conti. L'historien méticuleux, spécialiste du XVIIe, puits de sciences, honoré dans les facultés du monde entier, envie parfois les facilités de l'ami d'Ormesson. Il peut enchaîner les ouvrages, écrire dix fois le bilan de sa vie, *C'était bien*, encore en 2003, avant *Qu'ai-je donc fait ?*, recycler les mêmes citations, disserter sur le twin-set dans *Vogue*, Homère et Einstein dans *Le Nouvel Obs*, les bagnoles dans *Playboy*, jouer au rédac' chef de *Libé*, à la demande de Laurent Joffrin, célébrer *Le Fou d'Elsa* dans *L'Humanité*, ce journal tant de fois combattu qui aujourd'hui l'honore. Il peut dire des platitudes et de très jolies choses. Se faire pincer avec un compte suisse de 16 millions d'euros non déclaré au fisc, comme le révèle *L'Express* en 2003, et dire, tout penaud devant la brigade financière, qu'il « ne s'intéresse pas à la gestion de son patrimoine ». Faire la cour aux femmes, parfois avec beaucoup d'insistance. Oser les missives enflammées, dignes du maestro de Combray, et les gestes déplacés : baiser volé au cou d'une attachée de presse, caresse sur la gorge d'une normalienne, déshabillé soudain, chez lui, devant une étudiante en lettres. Mille histoires circulent dans Paris. On en rit, on salue le romantisme, l'audace, l'élan de vie. On passe tout à Jean d'Ormesson.

La télévision a fait de lui une rock star. Il ne peut plus marcher dans la rue, des mains sans arrêt pour saluer, toucher, faire signer des autographes. « Vous avez écrit quoi déjà ? » demandent les fans. L'Empire, Chateaubriand, les romans à l'eau de rose et les éditos RPR, tout se mélange et s'oublie. Seuls les vieux lecteurs du *Figaro* se souviennent, et les anciens camarades, ébahis de voir l'histrion de Saint-Fargeau gagner le palmarès des personnalités préférées des Français, derrière Yannick Noah et Johnny Hallyday. « Soudain, Jean d'O devient un repère, comme une boussole dans l'histoire de la nation », s'amuse Philippe Sollers, qui le côtoie dans les cercles littéraires depuis les années 1960. Lui, grand style, tôt repéré par Mauriac, maoïste, lacanien, provoc', le whisky, la came, libre toujours, rien en commun sauf le goût des médias, des femmes, et une œuvre prolifique. Sollers se marre. Grand rire à la nicotine qui dilate le minuscule bureau occupé chez Gallimard : « Il nous a bien baisés, Jean. Quelle métamorphose. Il a merveilleusement incarné la noblesse française, d'une façon aussi souple, énergique que subtile. Tout ça de manière pensée, très contrôlée, en veillant toujours à citer Aragon, ses poèmes, pas ses romans surréalistes, à mettre en avant son ancêtre révolutionnaire. Chapeau l'artiste!»

Ce gandin d'Ormesson est devenu Jean d'O. L'Enchanteur cathodique, plus dopant qu'un tube de vitamines, nouvel oracle, spécialiste ès bonheurs, l'aristo cool, charmeur, cultivé, quintessence de l'esprit français. Une spécificité nationale ; depuis *Au plaisir de Dieu*, ses livres ne traversent pas les frontières, mais les étrangers nous l'envient. Quel art de la conversation, et quel talent à tout propos : la littérature, les femmes, Mitterrand, Louis XVI, l'Europe, le sexe, le cigare, les bains de mer et les bains moussants... Au micro, plus seulement dans les émissions culturelles, mais chez Drucker, Ardisson, Ruquier. Pas question de faire la fine bouche puisqu'on le désire et que les livres, dans la société du spectacle, se vendent ainsi... « Un écrivain qui ne passe pas à la télé est fortement handicapé, déclare-t-il à *France-Soir*. Pour moi, la télé est un jeu. » Pas de trac, jamais, sens inné du marketing et des attentes du public. Il gère tout en direct, sans communicant, sans secrétaire, depuis le petit téléphone fixe de son bureau. Le smartphone qu'on lui a offert a fini aux oubliettes. Françoise et Malcy s'arrachent les cheveux quand l'émission est trop bas de gamme. « Cette fois, disent-elles, tu pourrais refuser quand même… » Allons bon, il s'arrangera pour élever le débat, parler d'Hugo, Parménide et Toulet, glisser quelques vérités sur le monde moderne. Cette manière, par exemple, de dire « sans soucis », dans une époque anxiogène, « le portable entre nos mains qui prend la place du chapelet, « Facebook, une communion sans Dieu, mêlée de confession ». Méditer sur la vie et la mort, et puis s'en aller, petit, humble, remerciant qu'on l'ait écouté, lui le « benêt de la crèche », comme il se présente, l'émerveillé de tout. Sacré Jean d'O, les femmes fondent, les hommes aussi, tous âges, tous milieux. Délicieux roi soleil, grand-père rêvé des Français.

À soixante-quinze ans passés, il ne s'est jamais senti aussi bien. « C'est incroyable, je suis devenu beau, me confie-t-il un dimanche d'écriture, lové dans son peignoir blanc. J'ai vu ça dans le miroir, j'ai pris ça comme une espèce de cadeau de la vie. » C'est vrai, à cette époque, le visage change, les rides l'adoucissent, la morgue s'en va. Quelque chose de Voltaire, dans la sagesse de Ferney. Il y a surtout, quasiment intacts, le sourire et les yeux, ces deux petites mers en effervescence, cette « beauté oculaire offerte à la France » dont parle, un peu jaloux, Philippe Sollers. Le temps tanne Jean d'Ormesson. On croirait presque, en le regardant, que la vieillesse est le plus bel âge de la vie.

Autour de lui, la grande faucheuse fait des ravages. Après son grand frère Henry, mort en 1995, la veille de Noël, les amis Philippe Baer, Sam Mansour, puis Maurice Rheims, enterré en 2003, sous le regard de Françoise, douairière livide au premier rang derrière le cercueil. Comme toujours, Jean se charge des adieux au Père-Lachaise, et dans *Le Figaro*. Les nécros coulent à force d'en écrire. Vite, panser les peines, ne pas ressasser. Il faut mordre dans la vie.

LE DERNIER ROI SOLEIL

Il se met au hors-piste avec un moniteur de Courchevel, Marcel Usannaz, dont il me donne le numéro dès nos premiers échanges. Je l'appellerai plus tard, avant de le retrouver en mars 2017 sur les hauteurs de son village, par moins quinze degrés. On se réfugie dans un restaurant d'altitude ; il enlève son bonnet, peau brune sculptée au grand air, lèvres gercées pressées de s'hydrater pour évoquer son « meilleur élève ». « Il skiait à toute allure, sans aucun style, avec un simple blue jean. Je l'ai forcé à acheter un pantalon K-way, lui ai mis un gant entre les genoux pour l'inciter à resserrer les jambes. Il a vite progressé. » De son sac à dos minuscule, Marcel sort des photos, « Jean » à ses côtés, lutin bronzé en anorak rouge, Vuarnet sur le nez. « Que de descentes inoubliables, lui a-t-il écrit, l'année de ses soixante-treize ans. Dans le brouillard ou sous le soleil, sur Saint-Martin-de-Belleville, sur les Granges ou dans les Avals. Jamais une déception, une lassitude, une petitesse. » L'enragé en voulait toujours plus ; dépose en hélicoptère au glacier de Gébroulaz, col des Tempêtes, passages délicats, encordés, puis l'extase dans la poudreuse, pas de pause-déjeuner, à moins que le bistrot soit renommé. Alors, devant ses crozets aux girolles ou un ris de veau parfumé, discussion sur la vie à la montagne, la mécanique du corps dans l'effort, les couleurs de la neige. « Il y a mille blancs différents », enseigne Marcel. Françoise le retient parfois plusieurs fois l'an, à Noël, en février, à Pâques, parfois seulement pour un week-end. Les pourboires sont meilleurs avec les pétrodollars et les oligarques, mais rien ne vaut une semaine avec d'Ormesson. Le moniteur en a les larmes aux yeux : « Ah ça, on a fait les quatre cents coups. Les belles pépés n'avaient qu'à bien se tenir dans les remontées. » Jean d'O ne s'arrête jamais.

Il s'est remis de son chagrin avec Ayyam depuis qu'il a posé sous l'objectif du photographe Jean-Marie Périer, venu avec sa jeune compagne, l'immortaliser à Venise, Julie Andrieu, vingt-cinq ans, une blonde ravissante, future célèbre chroniqueuse gastronomique. Le couple connaît mal la cité des Doges. L'académicien s'y promène les yeux fermés à force d'y venir seul, avec Malcy ou Françoise, qui loue souvent une maison du côté de la piazza Santa Margherita. Il les entraîne dans les ruelles de San Marco, du Santa Croce, à la pointe du Dorsoduro, près de l'église Santa Maria di Salute, devant son endroit préféré : la Douane de mer. Là, au bord du Grand Canal, un sentiment d'éternité le saisit. Palpitations. Il se débarrasserait bien du photographe, mais, comme toujours, l'adversité l'exalte.

Retour à Paris, le film habituel, fleurs somptueuses et lettres enflammées, encore des « je me jette à vos pieds », « je baise vos mains », « ne me laissez pas périr sous le soleil et la pluie ». Rien de mieux pour se sentir exister. Partir à l'assaut, gagner du terrain, murmurer, plein d'espoir : « Je suis en train de pourrir votre vie, hein ? » Combien de fois a-t-il ainsi vibré ? Cette fois, il ne récolte qu'une belle amitié. Jean me parle souvent de « Julie » : « Encore une qui m'a envoyé à la niche », plaisante-t-il. Il l'estime, l'appelle « mon amie », conseille de l'appeler à l'occasion.

« J'aimais beaucoup nos discussions », confie l'élégante quadragénaire, vedette des

Carnets de Julie sur France 3. Son appartement de la plaine Monceau lui ressemble, raffiné, épuré, chaleureux. « On échangeait sur tout, nos voyages, en Inde, en Amérique, les règles de savoir-vivre que je m'amusais à retrouver dans de vieux manuels et qu'il connaissait par cœur. Il me racontait Marguerite Yourcenar, récitait ses poèmes, ce vers magnifique qu'"un peu de votre voix a passé dans mon chant"… Il était effronté, plein d'autodérision. » Jean d'O l'invite souvent à déjeuner dans de grands restaurants, chez Ledoyen, au Ritz, ou bien à Neuilly, pour le plus grand plaisir d'Olivier qui aime échanger avec elle des recettes. L'académicien va papoter dans ses émissions, où il confesse ses goûts simples comme les « pommes de terre au caviar ».

Décidément, il est tout-terrain. Il enchante aussi les lectrices de *Elle*, croqué en « Jeannot lapin » par Sophie Fontanel *alias* Fonelle, prêt à mettre le feu quai Conti, faire la bamboula à Positano, essayer des leggings ou un vison rose Sonia Rykiel. « Je peux faire encore bien pire », a-t-il remercié la journaliste, en signant son bristol d'un petit lièvre. Ils deviendront amis. Jean les charme toutes. « Immortel lover » avec Inès de La Fressange ou Valérie Lemercier qui l'imite dans ses spectacles, il clame son amour des femmes et son bonheur d'être grand-père.

À l'époque, il conduit souvent à l'école sa petite-fille, Marie-Sarah, qui vit chez lui, avec ses parents, au deuxième étage. « Sur le chemin, en marchant, il me récitait de la poésie, se souvient l'héritière, yeux d'écureuil et pommettes hautes joyeuses. On se rendait compte, en arrivant, qu'on avait oublié mon cartable ! » Jean d'O jubile, lui qui a été si peu père. « Marie-Sarah me ressemble, me glisse-t-il. Elle prend tout à la légère, elle mord dans la vie. » Il la regarde grandir, lui fait réciter ses versions latines, l'accompagne en hypokhâgne, au bal des débutantes, à la *Nouvelle Star*. Le finaliste de 2007, Julien Doré, a tatoué « Jean d'Ormesson » sur son biceps, après avoir créé un groupe de musique à son nom. Voilà l'octogénaire nouvelle idole des jeunes.

Marie-Sarah n'est pas peu fière, même si elle n'a rien lu de son grand-père. Il ne le sait pas ; avec elle non plus, il ne parle pas de ses livres. De toute façon, la plupart des gens s'en fichent, même ceux qui se battent pour les publier. Il sent bien, derrière leurs amabilités, une sorte d'indifférence. Teresa Cremisi, qui dirige alors Flammarion, parle avec plus de passion de son ami Houellebecq. Antoine Gallimard reste toujours sur la réserve. « Je vous lirai quand le livre sortira », a-t-il osé un jour alors que Jean d'O lui apportait un manuscrit tout frais. Seule Malcy se jette sur sa prose. Et Héloïse, bien sûr, se damnerait pour éditer ses ouvrages. Avec son nouveau compagnon, Gilles Cohen-Solal, elle a créé sa propre maison d'édition, bravant l'interdit paternel qui ne voulait pas qu'elle utilise son nom. Il s'en voudra. Pour la soutenir, et sous la pression de Françoise, Jean consent à lui confier quelques « bricoles », comme il dit, un conte pour enfants, quelques recueils de chroniques anciennes et *La Conversation*, dialogue imaginaire entre Bonaparte et son deuxième consul Cambacérès, à l'aube du premier Empire. Un coup d'éclat salué par la critique, la fille rêve d'autres ouvrages.

Mais il n'est pas question d'écarter Malcy, de renoncer aux collections prestigieuses. « C'est un supplice, me confie Jean d'O, les yeux au ciel. J'essaie de jongler, trouver un équilibre, je ne veux pas décevoir Héloïse, je l'aime, mais je ne peux tout de même pas quitter Gallimard… » Et tant pis si l'illustre maison vibre davantage pour d'autres, Modiano par exemple, ce grand taiseux qu'il croise souvent, avec une pointe d'envie, place Saint-Sulpice. « Voilà un grand auteur, note-t-il un soir, dans la pénombre de son bureau, faussement détaché. Moi, je suis devenu une marque, un peu comme le Schweppes ou le Coca-Cola… » L'humoriste Laurent Gerra réveille la France, avec sa petite voix d'aristo éperdue d'amour pour « la Récamier ». Les hebdos le célèbrent en une de leurs dossiers « bien vieillir » ; les congrès anti-âge lui rendent hommage. Et Nabilla, l'icône siliconée de la télé-réalité, s'enflamme sur YouTube : « Je rêve de rencontrer des auteurs genre Jean d'Ormesson ou Marc Levy. »

LE DERNIER ROI SOLEIL

Ainsi va le monde. Même le Président se pâme devant Marc Levy. Jean d'O espérait plus de goût du nouveau maître de la France. Sarkozy est son ami, bien plus que tous ses prédécesseurs. Il l'a connu en 1983, jeune édile de Neuilly, grâce à l'un de ses conseillers municipaux, Jean-Marc Vernes, le financier du RPR, qui conseillait aussi Ferdinand Béghin. Entente immédiate. L'écrivain a suivi pas à pas l'ascension politique, et milité pour sa victoire à l'Élysée. Quel meilleur candidat que ce nouveau « Bonaparte », capable d'unifier la droite et de juguler l'ascension du FN, répète-t-il. La veille du premier tour, dans *Le Figaro* toujours : « Nicolas Sarkozy cherchera, n'en doutons pas, tout l'indique, à incarner et à unifier la nation. Attachez vos ceintures, il va y avoir du sport. Il n'est pas impossible qu'il soit là pour dix ans et qu'il marque ce pays d'une empreinte durable. » Françoise aussi est une inconditionnelle. Jean d'O a assisté à la passation de pouvoir, juste derrière la famille présidentielle. La gorge serrée, tout de même, que personne n'ait songé à lui pour le ministère de la Culture.

LE DERNIER ROI SOLEIL

Sarkozy a choisi Frédéric Mitterrand, qu'il a rencontré lors d'un dîner chez lui, avenue du Parc-Saint-James.

Au moins, « Nicolas » est fidèle et l'invite souvent à l'Élysée. Discussions à bâtons rompus sur le pouvoir et les femmes. « C'était un de nos grands sujets », s'émeut l'ancien chef de l'État, rue de Miromesnil, dans son bureau kitsch, rempli de souvenirs, bibelots, mini-statue de la Liberté, jeu d'échecs, photos avec Obama, Merkel et Carla, partout, en beauté. Il s'assied dans le canapé, gambette agitée, teint pâle dans sa chemise rose. Sa garde à vue dans l'affaire du financement libyen supposé de sa campagne de 2007 vient de s'achever, mais il a maintenu notre rendez-vous. « Pour Jean », précise-t-il, avant d'avouer qu'il a aimé « le personnage plus que les livres ». D'ailleurs, aucun titre ne lui vient en tête, même s'il a souvent célébré « un de nos plus grands romanciers ». « Entre nous, ça a été un coup de foudre. Il était si peu conservateur et si peu bourgeois, au fond très anti-establishment. Un pirate, Jean ! » Sarkozy sourit en songeant à la façon qu'il avait de s'intéresser à lui, de remarquer sa « beauté tardive », venue comme lui, avec l'âge, de le questionner sur ses divorces, la conquête de Carla. Jean d'O l'avait courtisée jadis sur un plateau de télé. « Ça l'épatait beaucoup que je l'ai épousée. Lui, il aime les femmes comme un concept. Moi, je crois au couple, j'ai besoin de ma femme dans le quotidien, dans le partage. C'était un débat entre nous. » Apparemment, peu de discussions politiques : « Jean, c'était l'homme des mille collines, une libellule capable de butiner partout et de se fixer nulle part ! Il n'avait pas vraiment de convictions politiques. Mais il avait une faiblesse coupable à mon endroit. »

En 2012, Jean d'Ormesson repart en campagne, indifférent à l'accumulation des affaires, au ras le bol des Français, y compris à droite. « Tu es fou », souffle Malcy qui n'a jamais aimé Sarkozy. Mais l'écrivain ne désarme pas. Après des dizaines d'éditos, encore une longue déclaration d'amour, à la veille de l'élection, dans *Le Figaro magazine*. Halte aux attaques permanente, à l'ironie et à la dérision, au travail de sape « orchestré avec soin ». Pourquoi passait-on tout à Mitterrand, et rien à Sarkozy ? « Il n'est pas faux-jeton. Pas assez peut-être. Il est plutôt moins menteur que les autres, qui lui reprochent tant de mentir. Il dit ce qu'il pense et il pense vite… Les autres se cachent, se dissimulent, mènent leur vie à la bourgeoise genre Nana, style 1880. Il étale tout. Il ouvre son cœur et sa vie. » Hommage à l'« intelligence », au « courage », à la « tolérance » : « Il y a fort à parier que le jugement de l'Histoire infirmera la violence des jugements négatifs portés contre lui. Il a été un bon Président. Et peut-être, on ne sait pas encore, un grand Président. » L'espoir jusqu'au dernier moment, à bas Hollande, « ce candidat mondialement connu en Corrèze » !

Le socialiste est élu, Jean d'O met de l'eau dans son vin. Il trouve même le nouvel élu « plutôt charmant » et lui souhaite le meilleur, pour le bien de la France. *Mezzo voce* désormais sur la politique – son image en souffre, comme le lui répètent ses proches – une nouvelle carrière s'offre à quatre-vingt-sept ans.

Sa *Conversation* est montée au théâtre grâce à Alain Pochet, un comédien aussi talentueux qu'iconoclaste ; il lui a laissé un message aux éditions Héloïse d'Ormesson, conquis par son texte. « Jean m'a rappelé le soir même, se souvient-il. Il était ravi, il avait approché la Comédie-Française et d'autres théâtres, sans succès. En quelques jours, il nous donnait son accord. » L'écrivain, accompagné de Malcy, assiste aux répétitions et accepte d'étoffer ses dialogues pour que la pièce tienne plus d'une heure. Il reçoit longuement à Neuilly Alain Pochet, qui travaille nuit et jour le rôle de Cambacérès, lui offre une gravure ancienne du consul, dessinée sous l'Empire. Tout Paris est là pour la première au théâtre Hébertot, suivie d'un somptueux cocktail organisé par Françoise. Jean d'Ormesson virevolte ; il est aussi en haut de l'affiche au cinéma.

Étienne Comar, le producteur de *Des hommes et des dieux*, l'a appelé un matin, pour lui parler de son prochain film, *Les Saveurs du palais*, une comédie grand public sur les cuisines de l'Élysée. « Claude Rich est souffrant. Il nous a malheureusement fait faux bond à la dernière minute, explique-t-il. On cherche quelqu'un pour le remplacer. Il nous faut une réponse rapide. » Jean, qui a toujours rêvé d'être acteur, n'en croit pas ses oreilles. Banco, sans même discuter du cachet. Il grimpe dans sa Mercedes 280 et débarque sur le plateau, accueilli comme le Messie. Le charme opère avec toute l'équipe technique, comme avec la vedette du film, Catherine Frot, savoureuse en cuisinière périgourdine, plongée dans les fumets intrigants du palais. Lui, il joue le Président, puissant, servi, choyé. Pas besoin de répéter, le rôle lui va comme un gant.

L'Inde, en janvier, pour commencer l'année en douceur. Françoise et Jean d'Ormesson ont toujours eu le goût des virées lointaines ; jeunes parents, sous couvert d'un colloque à l'Unesco, ils s'échappaient un mois visiter l'Iran et le golfe Persique, puis ce fut l'Égypte, le Mexique, la Chine...

À l'aube de 2013, après un traditionnel Noël suisse à Vogelshaus, le manoir des Béghin situé près du lac de Morat, non loin de Fribourg, ils s'envolent pour Calcutta. Dans leurs valises, les habituels compagnons de voyage, ceux qui sont aussi de la croisière de fin d'été en Turquie ou en Grèce : Marc Fumaroli, toujours chargé d'ouvrages, de vieux numéros de la *New York Review of Books*, ainsi que l'indispensable Malcy. C'est elle qui s'occupe des billets d'avion et des réservations d'hôtel. Françoise délègue volontiers; l'entente est bonne. « Il arrive un temps où les épouses deviennent des mères, et les amantes des sœurs », disait Nourissier, dans sa lucidité cruelle. C'est vrai, les anciennes rivales s'accommodent désormais, pour le bonheur de Jean.

Un soir, dans un palais du Rajasthan, il est d'humeur ombrageuse, des problèmes intestinaux le tracassent. Françoise lui enjoint de faire une coloscopie dès leur retour en France. « C'est pas bon », pressent-il en sortant de l'Hôpital américain. Le diagnostic tombe : cancer du côlon. « Pourquoi ça m'arrive à moi ? » se désole l'octogénaire. Lui qui n'a jamais consulté un médecin, jamais pris un médicament, jamais supporté la moindre goutte de sang au point de faire sourire ses amis : un bobo sur les rochers de Fornali, et toutes les femmes s'attroupaient pour le soigner. La souffrance et la maladie lui font horreur. C'est Françoise qui court à la pharmacie quand les domestiques sont malades, elle qui visite les amis mourants à l'hôpital. Jean d'O ferme facilement les yeux sur le malheur. « Ce cancer, répète-t-il, c'est honteux. »

Mieux vaut ne pas en souffler mot à Olivier, encore moins au milieu littéraire. Couper court à toute conversation en dégainant une nouvelle citation, piochée cette fois chez Vauvenargues : « Il est indigne des grandes âmes de faire part du trouble qu'elles éprouvent. » D'autres, comme Nietzsche, l'attribuent à Clotilde de Vaux, peu importe, l'essentiel est ailleurs. La tenue, bon sang ; Chateaubriand ne contait pas ses misères.

C'est sous le nom de M. Lefèvre, le début de son patronyme, qu'il est hospitalisé à la Salpêtrière, pris en main par les pontes de l'oncologie. Traitement de choc, la chimiothérapie et la radiothérapie empoisonnent le corps. Muscles atrophiés, l'énergie fond comme neige au soleil. Il se voit partir. « J'avais des hallucinations, se souvient-il les derniers temps, frisson dans l'échine. Je disais à mon infirmière : "Remerciez Hollande d'être venu me voir." Je me levais en trombe le matin, en hurlant : "Je vais donner un cours sur Spinoza à la Sorbonne !" » Le personnel l'adore, Jean d'O s'excuse de leur donner du travail, complimente les internes, charme les jolies blouses blanches : « Si seulement j'avais vingt ans de moins... » Il est dur de la feuille, en plaisante, finira par accepter de mettre un petit appareil dans son oreille. À l'écouter, l'hôpital est théâtre : « Un jour, une dame noire me prend la main, me console, me dit de m'accrocher, elle croyait que je lui avais dit : "Je veux que ça s'arrête." Je lui avais seulement dit : "Je veux aller aux toilettes." Quel fou rire on a eu ! » L'humour l'aide à tenir, ainsi que l'amour de ses femmes. Françoise et Malcy, ensemble ou en relais, tour à tour à son chevet. Marie-Sarah, sa « petite rose », et Héloïse, stoïque, masquant la douleur de voir son père, son roc, si affaibli.

Il lutte, rétréci dans son pyjama rêche de l'Assistance publique, les yeux délavés, les doigts tors accrochés à son crayon. L'écriture grimpe toujours vers le ciel, mais si lentement, avec des ratures, des blancs, des moments d'épuisement. Les feuillets s'entassent sur les tubes de perfusions. Sa fidèle assistante de l'Unesco, Dominique, désormais retraitée, passe les récupérer. Elle seule sait les déchiffrer et les mettre au propre. « Ne les perdez pas dans les transports », s'angoisse toujours l'écrivain. « J'en prends soin comme de la prunelle de mes yeux », le rassure-t-elle. Olivier lui apporte des potages faits maison et des œufs à la tripe. La voix douce de Julie Andrieu, au téléphone, lui met du baume au cœur. « Je pense à vous dans la prière », souffle aussi Alain Pochet, le comédien de *La Conversation*, dont il s'est rapproché. La piété de ce père de quatre enfants l'intrigue, sa foi est rayonnante. Dieu s'invite aussi dans les échanges avec sa vieille complice, Frédérique Deniau, autre catholique fervente. « On s'appelait au réveil, se souvient-elle. Un petit message, toujours le même, comme un bonjour : Dieu seul importe, qu'il n'existe ou qu'il n'existe pas. » Il l'admire de passer ses Noël avec les plus démunis : « Un jour, lance-t-il, j'irai avec toi. » Elle veut lui présenter un de ses amis dominicains, ils correspondent, s'échangent des livres, des prières, mais ne se rencontrent pas. Jean regarde aussi le ciel d'une autre manière, avec Trinh Xuan Thuan, le célèbre astrophysicien, diplômé de

Princeton, découvreur d'une galaxie dénommée I Zwicky. Il l'a rencontré après la parution de son best-seller, *La Mélodie secrète*, fabuleuse histoire scientifique de l'univers, « ce grand Tout surgi » d'un « vide microscopique ». Il l'a convié à ses colloques, invité à déjeuner, interrogé cent fois sur la théorie du big bang. « Qu'y a-t-il après la vie ? » demande l'écrivain qui se dit toujours agnostique au savant bouddhiste, croyant en la réincarnation.

Le malade retrouve des couleurs après huit mois abominables. Il achève son manuscrit, lui donne un titre crépusculaire, encore emprunté à Aragon : *Un jour, je m'en irai sans avoir tout dit*. Rien ne filtre de ses souffrances. C'est encore l'inépuisable ritournelle, l'enfance bénie au château, les illustres aïeux, la *dolce vita*, le big bang, Dieu, et quelques musiques existentielles... Jean d'O est comme le prince du *Guépard* de Visconti, accroché à son monde, il faut donc que tout change pour que rien ne change. Fête sur les ondes, à la radio, où il évoque pour la première fois sa maladie, à la télé, au micro de l'ami Franz-Olivier

LE DERNIER ROI SOLEIL

Giesbert, l'ancien complice du *Figaro*, au cours d'une émission sur le bonheur. Le journaliste lui demande comment on se sent après avoir échappé « au crabe ». L'écrivain tâtonne, fébrile dans la popeline bleue. « Ça m'a appris qu'il y avait des gens plus malheureux que moi, [...] j'ai vu que le monde qui est si beau est aussi un monde très dur. Il y a le bonheur mais aussi la souffrance... » Hommage à l'hôpital public, au dévouement du personnel, à la gratuité du système ; il est ébahi de n'avoir pas déboursé un centime, fait des chèques aux associations de lutte contre le cancer. La vie reprend.

Il s'offre une Smart et confie à Olivier le soin de trouver un acheteur pour la Mercedes 350 SL, son carrosse chéri, rempli de cassettes, d'ouvrages, de vieux *Pieds Nickelés* accumulés depuis trente ans. Une vente chez Artcurial, la prestigieuse maison d'enchères, lui aurait bien plu, mais un garage de Suresnes la reprend à meilleur prix. Carte blanche donnée au majordome, au diable la nostalgie. Jean d'O retrouve ses petits paradis, Vogelhaus, Fornali, le ski avec Marcel, et l'inspiration revient. Nouvel opus offert aux éditions Héloïse d'Ormesson. *Comme un chant d'espérance*, cent vingt-huit pages de déambulations cosmologiques à disserter, une fois de plus, sur le mystère de l'origine, les étoiles, le mur de Planck, l'amour et le hasard, l'espace et le temps, toutes ces merveilles du monde qui lui font penser que Dieu existe : « presque tout Schubert », « Rome entière », « la mort de ceux qu'on aime… ». Rien de nouveau, il l'avoue humblement : « La vérité est que sur l'avant-notre-monde comme sur l'après-notre-mort nous ne savons rien. Nous pouvons croire. Nous pouvons rêver. Nous pouvons espérer. Nous ne pouvons pas savoir. » Les lecteurs ne s'en lassent pas. Désormais, tous les ouvrages de d'Ormesson se vendent à plus de cent mille exemplaires.

« Jean, j'aimerais vous voir », l'appelle Antoine Gallimard en janvier 2014. Il lui propose une rencontre l'après-midi même dans ses bureaux, rue Sébastien-Bottin. Un taxi vient le chercher à Neuilly. Le dirigeant du troisième groupe éditorial français semble pressé.

LE DERNIER ROI SOLEIL

L'enthousiasme est pudique, comme souvent :
« Voilà, j'ai pensé à vous pour la Pléiade... »
L'écrivain le remercie chaleureusement et
s'en va, comme sonné. Lui, le « moustique »,
le « voyou », comme disait son père, admis
dans le petit cercle des auteurs sélectionnés de
leur vivant dans la plus prestigieuse collection
de littérature ? Depuis sa création en 1931, il
y a eu Gide, Malraux, Montherlant, Char,
Gracq, Sarraute, Kundera... quinze élus,
seulement, ayant eu le bonheur de se voir distingués parmi les géants immortels, aux côtés
de Voltaire, Tolstoï, Proust et Baudelaire. La
voilà enfin, la reconnaissance. Il est fou de
joie : « C'est mieux que le Nobel. » Mieux
que la grand-croix de la Légion d'honneur
bientôt décernée par le président Hollande.
Ses amis le félicitent, Mario Vargas Llosa lui
téléphone de Barcelone, Sarkozy le serre dans
ses bras. Et Fumaroli le fidèle accepte d'écrire
la préface.

Il faut aller vite, Antoine Gallimard veut
sortir l'ouvrage dans un an, alors qu'une telle
édition requiert d'ordinaire plus de temps,
afin de sélectionner les œuvres et de concevoir

l'appareil critique, ces notes savantes sur la vie et l'œuvre de l'auteur. « Ne peut-on pas s'en passer ? » demande d'Ormesson désireux d'échapper à l'examen biographique. Il s'est renseigné : Kundera l'a refusé, pourquoi pas lui ? Il prétexte avoir égaré ses manuscrits, mélanger ses souvenirs. Le directeur éditorial de la Pléiade, Hugues Pradier, lui fait gentiment comprendre qu'il ne peut guère se défiler. « Ici, rappelle-t-il, nous n'accueillons pas les reines d'un jour. » Et puis le refus de Kundera ne lui a pas porté chance, sa Pléiade s'est mal vendue.

Fumaroli suggère de solliciter, pour l'appareil critique, un de ses amis, Bernard Degout, le directeur du domaine de la Vallée-aux-Loups, l'ancienne demeure de Chateaubriand. Ce fin lettré ne connaît pas l'œuvre de Jean d'Ormesson mais il s'y plonge, épluche les archives, interroge l'écrivain chez lui. Il est délicieux et fuyant, comme d'habitude, toujours à rabâcher les mêmes anecdotes, à s'abriter derrière des pirouettes. « Je ne me confie qu'à moi-même, dit-il. Et souvent, même, c'est plus fort que moi, je réécris l'histoire. »

LE DERNIER ROI SOLEIL

Degout achève son travail et Fumaroli peaufine sa préface. Étrange éloge où l'illustre ami, avant même d'évoquer les livres du couronné, admire l'« empire de popularité » essentiellement bâti, selon lui, sur le succès cathodique. « Jean d'Ormesson a été servi par la télévision, écrit Fumaroli. Il s'en est surtout remarquablement servi pour la bonne cause, celle de ses livres et du Livre en général... La gratitude des "médias" envers lui s'explique : après tout, il les a légitimés comme "l'histoire du présent" et il a montré les affinités qui les rattachent au "roman total" où il veut voir le genre littéraire moderne par excellence et même la littérature tout court de l'âge démocratique. » Jolie contorsion amicale pour faire du petit écran le nouveau berceau des lettres. Et Fumaroli insiste : « Seul le général de Gaulle sut, dans sa propre catégorie sportive et dans la même période, se servir aussi bien de la télévision... Entré en fanfare dans la culture de masse [...], Jean d'Ormesson donnait l'impression de renouer, en la modernisant, l'ancienne solidarité des seigneurs et du peuple contre les bourgeois. » Interminable hommage à « l'oiseau rare des lettres contemporaines », probablement l'un des « plus doués de sa génération », avant d'enjoindre aux Français de « se donner la peine et le plaisir de lire ou relire Jean d'Ormesson. C'est le meilleur moyen de se délivrer de l'image de facile optimisme que s'en font ceux qui ne l'ont pas lu ou qui ne l'ont lu qu'en diagonale ».

Mars 2015, l'écrivain découvre en avant-première le bel ouvrage. Il caresse la couverture en cuir brun, le papier bible, si fin, si solide. Mille six cent cinquante pages conçues pour résister au temps, comme une promesse d'immortalité. Le voilà honoré, apparemment guéri, débarrassé du crabe. Dieu comme la vie est belle.

C'est le moment où je le rencontre, quelques jours avant la sortie de sa Pléiade. La presse s'apprête à célébrer l'événement ; un numéro spécial de *La Grande Librairie* est programmé sur France 5. Certains journaux, eux, questionnent le choix de l'éditeur, les lettres reçues chez Gallimard : « Quelle honte, une décision purement commerciale ! » s'indignent-elles ou encore : « À quand Anna Gavalda et Katherine Pancol ? » « Jean d'O mérite-t-il vraiment la Pléiade ? » ironisent aussi mes ex-collègues du *Nouvel Obs*. Je les ai quittés quelques mois plus tôt, après seize ans à la rédaction, pour rejoindre le magazine *Vanity Fair*, qui prépare aussi un article sur le sujet. Le journaliste chargé de l'écrire a rendez-vous avec Jean d'Ormesson et Antoine Gallimard rue Sébastien-Bottin. Il me propose de l'accompagner : « Comme ça, tu me donneras ton avis sur le personnage. »

Je n'en connais alors pas grand-chose, un seul livre, *Au plaisir de Dieu*, jadis conseillé par ma grand-mère, des articles glanés ici et là, souvent les mêmes, légers, virevoltants, la Corse, les femmes, *Le Figaro*, Sarkozy et dans un coin, Neuilly, le ghetto désenchanté de mon adolescence. Aucune envie d'y retourner. L'éditrice Sophie de Closets m'avait sondée, quelques années plus tôt, pour écrire une biographie de l'écrivain ; je n'avais pas donné suite. Peut-être ai-je eu tort de me cantonner aux apparences, et puis Antoine Gallimard m'intéresse pour un portrait dans mon nouveau journal. Au pis, ce sera une heure perdue.

Dans son bureau boisé, tiédi par les premiers soleils du printemps, l'éditeur parle peu. Mais son auteur, lui, rayonne, prunelles d'outremer et pieds sveltes, nus dans du nubuck bleu roi ; le verbe allègre, tout disposé à raconter son entrée dans la Pléiade, le coup de fil d'« Antoine », la surprise annoncée, vraiment mille mercis. Inutile de poser les questions, il déroule, mon confrère noircit son carnet durant deux heures. « Du grand Jean d'O », note-t-il, en sortant de chez Gallimard. Pas besoin de moi.

Quelques semaines plus tard, une voix flûtée s'annonce au standard du journal, l'appel m'est transféré : « Bonjour Sophie, vous vous souvenez de moi ? C'est Jean. » L'article est sorti, il n'est pas enchanté « mais passons », il veut savoir pourquoi je n'ai pas participé à l'écriture. « Vous m'en devez une. Venez donc déjeuner à la maison ! » Ainsi commence notre premier apéritif au jus de carottes. Le journalisme, mes débuts à *L'Obs*, tout l'intéresse. Il me parle du fondateur, Jean

Daniel, qui, à quatre-vingt-dix ans passés, lui demande encore de chroniquer ses livres, « touchant mais pathétique non ? », de Claude Perdriel, l'ancien propriétaire du journal, dont il a voulu louer le yacht, avant d'y renoncer, « 30 000 euros la semaine, un peu cher tout de même ? ». Ah la gauche caviar..., il s'en amuse souvent avec Jacques Julliard, ex-éditorialiste-vedette de l'hebdomadaire, désormais à *Marianne*, un agréable compagnon de déjeuner, régulièrement invité à Fornali. L'ancien prof d'histoire, soixante-huitard, syndicaliste engagé, a pris ses distances avec les socialistes et s'emploie aujourd'hui à dénoncer leur faillite, la décadence de la culture et de l'école républicaine. Jean d'O l'apprécie beaucoup : « Julliard, c'est mon seul ami de gauche. » Il m'embarque dans des chemins lointains, au temps d'Aristote et Hannibal, m'interroge sur la nouvelle doxa vegan qui séduit Marie-Sarah, et qu'il trouve « loufoque ». Son spectre est large, le temps passe vite, promesse de se revoir.

Deuxième invitation à déjeuner, puis d'autres encore. J'y vais par curiosité, sentiment qu'il ne faut pas s'arrêter là, s'en tenir aux amabilités courtoises. Je ne sais jamais quoi apporter : un roman de Fellowes ou Roth qui m'a plu, des chocolats, des kanougas, ses caramels préférés difficiles à trouver. Il n'ouvre rien : « Mieux vaut venir les mains vides », conseille-t-il. Jamais l'impression d'être avec un homme de plus de quatre-vingt-dix ans. Sa joie de vivre m'éblouit, comme son habileté à se raconter sans rien dire. Et ce monde, autour de lui, l'épouse glaciale, l'imperturbable majordome, « Monsieur est servi » et l'odeur du risotto aux truffes dans la cuisine ; les feuilles d'écriture grimpantes au milieu du courrier bancaire non ouvert, les lettres de fans sur les *Mémoires d'outre-tombe*, et ces appels incessants, de journalistes, d'animateurs, de politiques qui perturbent le silence de l'hôtel particulier. Après lui, qui vivra encore comme cela ? « Je suis le dernier des Mohicans », s'amuse-t-il, comme s'il lisait dans mes pensées. Plus le temps passe, plus je m'interroge : comment devient-on Jean d'Ormesson ? À quel prix pour soi-même, et pour les autres ? Un midi, après un soufflé au crabe, je tente, un peu en riant : « Voilà des années que je cherche un sujet de biographie. C'est peut-être vous. » Il bondit de sa chaise : « Mon Dieu, quelle horreur. Jusqu'ici, j'ai toujours réussi à éviter cela. »

Ce n'est pas tout à fait vrai ; en 2009, un journaliste sportif a voulu écrire sa vie, après avoir retracé celle de quelques footballeurs. D'Ormesson l'a envoyé paître au téléphone, d'un élégant : « Bon courage, mon garçon ! » Après la parution de l'ouvrage, il l'a convié à déjeuner chez lui, sans faire de commentaire. « C'était étrange, se souvient l'auteur, légèrement dépité. On a discuté de tout sauf du livre. Je ne sais même pas s'il l'a lu. » Non, vraiment, l'idée d'une biographie embarrasse Jean. Il ne voit pas l'intérêt, il se raconte assez dans ses ouvrages. J'avoue le comprendre. D'ailleurs, j'ai sans doute parlé un peu en l'air, l'idée d'un livre me fait peur. « C'est fou, s'étonne-t-il. Moi, je ne peux pas me passer d'écrire. Allez, vous trouverez un meilleur sujet... »

Il me raccompagne à la porte du jardin, salut détaché. « Au revoir, lui dis-je dans l'allée des narcisses. Heureuse d'avoir fait votre connaissance. »

Les jours passent. Deux semaines après, peut-être trois, il m'appelle : « Sophie, j'ai réfléchi, allons-y ! » Je comprends qu'il a consulté Malcy et Héloïse. Nouveau déjeuner à Neuilly au cours duquel nous concluons notre pacte. Je viens le voir avec mon carnet au gré de nos disponibilités, possibilité d'arrêter à tout moment si la lassitude nous gagne. Pas d'échéance, pas de contrat d'éditeur, il m'attrape l'épaule : « Épatant ! »

Il n'aborde jamais la question directement, mais elle affleure quand il s'émeut de ses talentueux amis, Mohrt, Nourissier, Marceau, oubliés dans les bibliothèques. Quelle trace laissera-t-il ? Le temps file, l'horizon se rétrécit. La Pléiade l'honore, mais sera-t-il seulement lu après sa mort ? Et que dira-t-on de lui ? « C'est son obsession, me confie un proche. Ayez ça en tête : vous êtes aussi un instrument. »

Je ne le sais pas encore, mais, au moment de notre rencontre, il relance Laurent Delahousse qui a émis le projet de lui consacrer un long métrage, après l'avoir invité à son journal télévisé, au côté du rappeur Abd Al Malik, après l'attentat de *Charlie Hebdo*. « Les kalachnikovs ne l'emporteront pas, a-t-il déclaré, nous sommes tous Charlie, nous sommes tous des juifs, nous sommes tous des musulmans, et nous sommes tous de ces vaincus qui finalement seront vainqueurs. » Ses mots ont résonné dans des millions de foyers ; ce soir-là, Jean d'O s'est senti une âme de résistant. Quelques semaines plus tard, il rappelait Delahousse : « Cette idée de film me plaît beaucoup. » Malcy est contre, Françoise redoute l'intrusion des caméras. Mais il donne son accord pour que les équipes de Delahousse le suivent partout, en Suisse, à Neuilly, dans son dressing, sa cuisine, sa salle à manger, à table avec Édouard Baer ou Nicolas Sarkozy. Il est même prêt à plonger pour elles du ponton de Fornali avant de renoncer sous la pression familiale. Aucun problème, par contre, pour s'exhiber en tenue d'académicien ou en peignoir. Les techniciens voient son œil s'allumer quand le moteur tourne. « Je n'en peux plus, ils me suivent partout », gémit-il. Il me mène en bateau, ce film l'enchante, on en rigole.

Régulièrement, il m'appelle pour me donner un numéro, me convier à l'une de ses conférences ou de ses obligations. « L'enterrement de Michel Déon à Saint-Germain-des-Prés, viendriez-vous faire un saut ? Vous allez me trouver narcissique mais je vais faire un petit discours… » Mercredi 18 janvier 2017, soleil polaire, je l'observe entrer dans l'église, solennel dans son beau costume marine, au côté d'Hélène Carrère d'Encausse, le secrétaire perpétuel de l'Académie. La foule l'entoure, les prêtres s'inclinent. Silence religieux : « À l'époque où les hommes d'État communiquent par tweet, tu aimais les livres, Michel… Nous sommes quelques-uns ici qui croient que ceux qui disparaissent ne meurent pas tout entiers. Nous sommes quelques-uns à croire que tout ne finit pas avec la mort. Je ne voudrais pas parler à la place de mon père… », ose-t-il, clin d'œil en direction du vicaire. Des rires volent vers le chœur : « Les écrivains ont la chance de laisser derrière eux des petits souvenirs où dorment les passions qu'on appelle les livres. Je crois qu'il y a autre chose que ce monde cruel, dans vingt, cinquante ans, il y aura des jeunes gens qui trouveront avec enchantement dans les livres le nom auquel nous sommes tous attachés de Michel Déon. » L'Église se retient d'applaudir. Il retourne s'asseoir au premier rang, entonne du bout des lèvres le *Notre Père*.

On ne se voit pas ce jour-là, mais il veut savoir si j'ai bien entendu son discours. « C'est triste, me dit-il le dimanche d'après dans la pénombre de son bureau. Plus personne ne lit Déon... Qui se souvient du *Balcon de Spetsai*, qui se souvient des *Poneys sauvages* ? » Jean d'O n'a pas à se plaindre ; ses ouvrages à lui marchent fort. Il suit de près les chiffres de vente : « La Pléiade dépasse les vingt-cinq mille exemplaires. Juste derrière Simenon, loin devant Gide, Aragon, et Saint-Ex, vous vous rendez compte... » Le deuxième tome est en préparation, il hésite sur les œuvres à retenir, cherche un intellectuel de renom pour écrire la préface. Après quelques touches infructueuses, le refus de Paul Veyne, il suggère son ami Trinh Xuan Thuan, qu'il voudrait aussi faire entrer à l'Académie. « Mais personne ne connaît votre cosmologue », le freine Antoine Gallimard qui s'engage à trouver un auteur. Il est désormais aux petits soins pour le doyen de ses écrivains. Les ventes de son petit *Guide des égarés* atteignent des sommets. Près de deux cent mille exemplaires pour cette flânerie philosophique en vingt-neuf mots clés, du temps à la lumière, du mystère à la joie… clamant, une fois encore, combien « la vie est belle ». Jean d'O l'a dédicacé à François Hollande : « Au Président de la République, avec mes respectueux hommages. Ton fidèle adversaire. » Sa réponse : « Vous savez, les égarés, ils finissent par arriver là où ils ne pensaient pas arriver… », l'a beaucoup amusé. Le petit guide caracole en tête des ventes durant des semaines. Les lecteurs ont aussi plébiscité son pavé de cinq cents pages, titré, comme le précédent, d'un vers des *Yeux et la Mémoire* d'Aragon : *Je dirai malgré tout que cette vie fut belle*. Ultime autobiographie mais plus sincère, plus creusée que les autres. À force d'entendre Michel Onfray, qu'il admire, militer pour une psychanalyse non freudienne, à force d'entendre les femmes de sa vie lui dire qu'il devrait s'allonger sur un divan, il tente de s'ausculter. Jean d'O dialogue avec son surmoi, juge suprême qui le bouscule, le traite de « dissimulé », « menteur », de « saltimbanque de la culture ». Pour la première fois, il évoque son amour pour Malcy, mentionne la « sublime Ayyam », et rend grâce à Françoise. Jamais il n'avait été aussi loin.

Succès immense. Le directeur du théâtre Édouard-VII, Bernard Murat, lui propose même de lire l'ouvrage sur scène. Jean est tenté, malgré les réticences de ses femmes. « Tout le monde autour de moi dit que je suis trop vieux, trop sourd, que je risque d'être ridicule, me confie-t-il. Mais il faut se mettre un peu en danger, non ? » Quand Murat suggère de se cantonner à deux ou trois représentations, il s'indigne : « Mon pauvre ami, si on le fait, ce sera un triomphe. Et vous m'emmènerez partout en province ! » Il fait traîner les choses, le temps d'affirmer ses forces.

LE DERNIER ROI SOLEIL

Parfois, je n'ai plus de nouvelles pendant des semaines, ou alors de brefs appels pour s'excuser, il est « un peu mal fichu », des « petites visites médicales » en cascade, promis, vite un déjeuner. J'apprends qu'il a fait un malaise sur le plateau d'Anne-Sophie Lapix, une chute chez Gallimard. Toujours, il plaisante. « Rien de grave. J'ai simplement effrayé les passants, j'étais plein de sang. » L'été 2016, de Fornali, voix d'outre-tombe tremblante dans le combiné : « C'est pas glorieux, mon enfant. Je n'ai pas pu me baigner. » Il ne me dit pas que le compagnon d'Héloïse, inquiet, veut le rapatrier d'urgence à Paris. Hospitalisation immédiate à son retour sur le continent, œdème pulmonaire sévère. Et Jean réapparaît au téléphone : « Ça va beaucoup mieux. Je crois que je suis guéri. Vous venez ? » Il rêve de rechausser ses skis, appelle Marcel, suit ses conseils de santé, alimentation saine, pas d'alcool, nuits de douze heures. « Il prend soin de lui comme un athlète », s'émeut le moniteur.

Il faut remonter sur le ring, achever le prochain livre, livrer des éditos. Répondre aux sollicitations des *Inrocks* et de *Valeurs actuelles*.

Rester dans le coup, suivre la bataille pour la Présidentielle qui s'annonce passionnante. Jean d'Ormesson a déclaré à la télévision suisse que Juppé, s'il est élu, sera un « Hollande de gauche » et qu'il ne « fera rien ». Reprise immédiate dans *Le Figaro*, Sarkozy le félicite mais lui regrette déjà ses mots, d'autant qu'il vient de dîner avec le maire de Bordeaux. Jean d'Ormesson fréquente toujours de près les politiques. Un matin, il annonce tout fier : « Jean-Luc Mélenchon viendra déjeuner cette semaine. — Tu m'auras vraiment tout fait », s'amuse Françoise qui, comme d'habitude, décide du menu avant de s'éclipser. Seule Hélène Carrère d'Encausse a le privilège d'assister à la rencontre au sommet.

Le leader de La France insoumise se présente au portail, costume trois-pièces impeccable, bouteille à la main. « Du brouilly, annonce-t-il au majordome. Voilà ce que nous buvons, nous, les gens de gauche ! » Il pointe les portraits royaux dans l'entrée, suggère de les voiler le temps qu'il passe lui, le « sans-culotte » ; d'Ormesson le prend par le bras : « Tournez les yeux de ce côté, voici le buste de mon ancêtre révolutionnaire, Lepeletier. » Mélenchon, ravi : « Vous descendez d'un marquis, je remonte d'un postier, retrouvons-nous sur la montagne ! » La conversation est joyeuse, ping-pong littéraire et géopolitique, entre Aragon, le calvaire des chrétiens d'Orient et la Russie de Poutine. Les deux hommes se régalent. « Il est un détestable réactionnaire, ses idées ne valent pas un clou, dira Mélenchon, mais sa personne est magique... Je le veux bien comme ami. » À la même époque, Jean d'O fait la connaissance d'Emmanuel Macron, alors ministre de l'Économie. Laurent Delahousse qui le connaît bien, pour avoir aussi étudié à la Providence d'Amiens, a organisé un déjeuner, sous l'œil de ses caméras. Invitation à Bercy, lancée par Brigitte en personne. L'écrivain la trouve « charmante », un peu surpris tout de même qu'elle lui confie d'emblée : « Mon mari n'est pas homosexuel. » Il lui apparaît fin, cultivé, habile. « Un peu comme la chauve-souris de La Fontaine », ose-t-il devant les caméras : « Vous avez des pattes et vous avez des ailes... Mais votre position n'est-elle pas difficile à tenir à la longue ? » L'académicien a été plus inspiré ; Macron le désarçonne. Une bulle, croit-il.

Lui n'a aucun doute, il votera Fillon. Il se rend à des réunions de soutien, chante ses louanges dans *Le Figaro*, songe même à une tribune de soutien après l'affaire Pénélope. Malcy l'en dissuade mais à la veille du premier tour, l'incorrigible Jean reçoit François Fillon chez lui, à la demande du *Figaro magazine*. Il joue les intervieweurs, offusqué par Macron, sa filiation avec Hollande, ses propos sur la colonisation en Algérie, sur la culture française. Relances aimables pour le candidat républicain : « Vous êtes le meilleur rempart contre le FN... En vous écoutant, on se dit que le plus raisonnable c'est de voter pour vous. » Pose complice sous les tableaux dorés de Saint-Fargeau puis au jardin, pour la photo de couverture. On dirait deux courtisans du XVIIIe siècle. Un désastre ; cette fois, Malcy n'a pu l'éviter. Elle est furieuse, Héloïse et Marie-Sarah aussi, Sarkozy se sent trahi. Jean d'O s'excuse comme un enfant : « J'ai fait une grosse bêtise. » Et il me confie : « Je me suis fait piéger. Personne ne m'a prévenu que ça ferait la couverture. Quel idiot je suis ! Je vais porter ça comme une croix. » L'épisode est vite oublié. Il salue la victoire de Macron, admire ses premiers pas à l'Élysée. Ses fans n'essaient plus de comprendre. Ils lui pardonnent tout, comme ses proches.

Jean s'adoucit avec le temps. Son « égoïsme solaire », dont tous m'ont parlé, parfois sans ménagement, devient plus généreux. Il se décentre un peu, prend régulièrement des nouvelles de Dominique, son assistante, passe la voir à l'hôpital quand elle tombe malade, multiplie aussi les gentillesses envers Olivier. Des lettres partent vers ses anciennes amours, des pensées sans objet, simplement signifier qu'il a été heureux de les connaître, comme s'il refermait les pages de sa vie. Il fait des efforts avec son gendre, gâte les femmes de la famille. Françoise, Héloïse et Marie-Sarah sont invitées à choisir ensemble un bijou chez White Bird, jolie boutique proche de la place Vendôme, et un déjeuner chez Pierre Gagnaire. Sa petite-fille raffole des chefs étoilés et rien n'est trop beau pour elle, même un énorme chèque, signé d'un trait, pour l'aider à déployer ses ailes. « Vous savez, Marie-Sarah se lève tous les matins aux aurores, me confie-t-il. Elle fait un stage dans un restaurant vegan et son petit ami vient de lancer un bar. Si mes parents voyaient ça… » Lui, il est admiratif, toujours tourné vers l'avenir, ému par la jeunesse. Les nombreuses lettres d'étudiants qu'il reçoit à Neuilly le touchent plus que les autres. « Jetez-y un coup d'œil si ça vous amuse », propose-t-il un dimanche, en me tendant une enveloppe kraft remplie de courrier. Je l'ouvre sur le chemin du retour dans le bus 43.

Du papier fin, des cartes postales, des feuilles parme, turquoise, avec des fleurs, des cœurs, des chats ; plumes soignées ou pattes de mouche pleines de fautes d'orthographe. Il y a là toute la France, de sept à quatre-vingt-dix-sept ans, des missives postées de Romorantin, La Garde, Naves… par des Sihem, des Constance, des Pablo, des Charles, des Cassandra, qui disent l'admiration et la gratitude. Parmi des centaines d'autres : « Cher monsieur, ça faisait vachement longtemps que je voulais vous écrire […] À force de vous voir et de vous entendre un peu partout, j'ai décidé de sauter le pas. J'ai lu *Au plaisir de Dieu*, vraiment c'est quelque chose… même si vous vous fichez de l'avis d'un petit merdeux du Sud. » « J'ai quinze ans et j'aimerais vous faire savoir que vos livres rendent mes journées plus belles encore. » « Vous m'avez donné accès à ma palette intime et donné envie de faire hypokhâgne pour devenir philosophe. » « Je ne suis qu'un primaire, un certificat d'études en 1942, c'est tout, mais vous me faites un bien immense. » « Chacun de vos ouvrages est une pétillante émulsion de mots à la saveur inimitable qui explosent sous la lecture et laissent un goût du bonheur. » Un homme a déposé le *Guide des égarés* sur la tombe de son père, un autre, perdu, veut savoir s'il faut voter, au second tour, Macron ou Le Pen, une prof lui envoie sa nouvelle intitulée *Jean d'O(r)*, des femmes « caressent le rêve de le rencontrer ». Une écriture revient, scolaire, ronde, soigneusement tracée au stylo bleu sur une copie à grands carreaux. « Dans mes rêves les plus fous, j'aurais travaillé avec vous pour l'édition de vos livres », se présente l'étudiante en lettres. Vingt et un ans, parisienne, passionnée de littérature et de gemmologie. « Merci pour l'effet positif que vous avez eu sur ma vie, je me sens liée à vous... Par simple curiosité je me permets de vous demander : quel est votre ouvrage littéraire préféré ? Et votre œuvre d'art ? » La même plume, toujours aussi tendre et naïve, signée « votre grande admiratrice » et demandant une rencontre. Une autre lettre, plus tard, avec trois photos d'elle, blonde, adorable, embrassant l'écrivain au Salon du livre. Jean m'en parle un jour, au cours d'une discussion sur sa notoriété. « Une étudiante est venue me voir ici dans mon bureau. Elle avait tellement insisté. Elle est très très jeune, mais si jolie. Elle dit qu'elle m'admire. Ça me bouleverse. » Il s'enfonce dans son sofa, se réfugie aussitôt avec Chateaubriand. Souvenirs émus de l'Enchanteur, quand il clopinait, à la fin de sa vie, dans un bal et qu'il eut une dernière apparition nommée Rachelle, dix-sept ans. Jean d'O mime la scène, le vieil écrivain soufflant : « Quel malheur de voir une chose si belle quand on va mourir », avant de s'entendre répliquer : « Monsieur le Vicomte, il y a des hommes qui ne meurent pas. Quand on vous voit on vous aime, quand on vous aime, on voit tout. » La suite, à voix basse : « Le soir même, Chateaubriand lui envoie un billet : "Ce soir, chez moi. Pour rien." » Silence, il vibre, yeux mélancoliques : « Pour rien signifie : pour pas un rond, et il ne se passera rien. Double sens. Génial. »

Non, ce n'est pas fini et il tient à me raconter les déjeuners avec ses nouvelles admiratrices, « ces temps-ci toutes des brunes », note-t-il : Sonia Mabrouk, la sculpturale journaliste d'origine tunisienne, remarquée lors d'un passage à Europe 1 ; Leïla Kaddour, le nouveau visage de France 2, qu'il a prise pour l'ambassadrice d'Haïti, lors de la cérémonie de remise de l'épée de Dany Laferrière. Ils en ont ri, « on pourrait coucher ensemble », l'a charrié Jean d'Ormesson. Une chanteuse qu'il ne connaît pas, « Liane Foly, ça vous dit quelque chose ? », l'a invité à son anniversaire. Parfois, il m'appelle, il a lu une de mes enquêtes dans *Vanity Fair*, souvent de drôles d'histoires, une sulfureuse bien introduite en Macronie, un banquier vorace lancé dans la presse, un gourou de l'écologie, un pirate du CAC 40... « Pourquoi vous intéresser à moi au milieu de tous ces sombres personnages ? » demande-t-il. Je lui réponds qu'il me repose, nos échanges à Neuilly sont des bains de sagesse et de culture, loin de la fureur du monde. J'en sors toujours revigorée. « Ne soyez pas trop indulgente à mon égard », ironise-t-il.

Un article sur l'ancien associé de DSK, Thierry Leyne, mystérieusement suicidé à Tel-Aviv, l'a marqué. La descente aux enfers de l'ex-dirigeant du FMI l'intéresse. Il me pose des questions sur lui lors de notre dîner au Grand Véfour. L'occasion d'évoquer son rapport aux femmes, ce besoin de séduction compulsive dont tout Paris parle, depuis tant d'années. Ça fait partie de sa légende, il en a conscience. Je me lance : « Ce que vous aimez, vous, c'est faire la cour, hein ? Vous êtes plutôt un homme de salon... » Petite moue, l'air de dire : « Là, vous dépassez les bornes. » Une gorgée d'eau, lèvres taquines : « Si je suis totalement honnête... Pas seulement fleur bleue quand même ! »

Quelques mois plus tard, il m'interpelle au téléphone : « Sophie, je ne suis tout de même pas Weinstein ? » Petits rires insondables et moqueurs sur l'époque, angoissés peut-être. Le hashtag #*Me Too* enflamme la Toile ; son vieil ami Claude Lanzmann, le monumental réalisateur de *Shoah*, coureur invétéré, fait alors l'objet d'une enquête de *Mediapart*. Le pauvre « n'avait pas besoin de ça » ; il se meurt à petit feu depuis qu'il a perdu son fils. Et Fumaroli lutte contre la maladie, tout comme Jean Rochefort, qui devait venir déjeuner, Marcel aussi, du haut de ses montagnes. La vieillesse est une hécatombe.

Le 30 juin 2017, Simone Veil disparaît. La nouvelle l'atteint alors que Jean d'Ormesson vole vers la Corse. Des journalistes l'interviewent à la sortie de l'avion. Il peine à trouver ses mots, lui qui a écrit pour elle un discours mémorable, lors de son entrée à l'Académie française. Il n'ira pas aux obsèques. Il y a quelque temps encore, il aurait repris l'avion en sens inverse, trôné en majesté aux obsèques nationales, sans doute même honoré de mots doux la merveilleuse Immortelle. Plus l'énergie désormais. Le monde s'est rétréci, il faut cultiver son jardin.

Cet été-là, il m'appelle de Fornali. Je l'imagine dans sa position téléphonique habituelle, sous le bel escalier, en peignoir. La maison semble bien vide. Pas d'invités cette année, même Jacques Julliard et son épouse ont décliné. Jean a du temps pour discuter. Le moral est bon, il réussit à se baigner chaque jour et cisèle son dernier ouvrage, dont il m'a donné un jeu d'épreuves avant de partir. Nouvelle épopée bondissante dans l'histoire du Monde, au cours de laquelle Jean d'O, Zelig, mi-homme, mi-femme, croise Jésus, Socrate, Charles Quint, embarque avec Christophe Colomb, puis Neil Armstrong autour de la lune... Il y a comme un retour aux sources, un parfum de *La Gloire de l'Empire*, avec cette fois, un long passage sur Auschwitz, puisqu'on lui avait reproché, jadis, d'avoir omis la pire atrocité du XXe siècle. Le voyage est chargé, difficile d'aller au bout. Je ne le lui dis pas. Malcy lui a conseillé de couper tout un chapitre. Il hésite, prédit un succès immense, peut-être même cinq cent mille exemplaires, songe au titre. Pourquoi pas tout simplement *L'Histoire, roman* ou un vers d'Aragon un peu « osé », qu'il garde secret. En attendant, il s'apprête à embarquer pour la Turquie, avec Françoise, Malcy et Fumaroli. « J'ai loué un magnifique caïque avec un skipper, 30 000 euros les deux semaines. Une folie mais il faut bien vivre. » Une dernière chose, avant de raccrocher : « Vous m'accorderez un moment à mon retour ? Je voudrais dîner avec vous avant de mourir. » Sa voix carillonne, les cigales chantent au-dehors, la mer est tiède. Bien sûr, il plaisante.

La croisière en Turquie fut « une merveille ». Quinze jours à ne rien faire, dorer, dormir, écrire, relire pour la centième fois *L'Odyssée* parce que « tout le reste à côté paraît dérisoire », humer le silence, la mer pour seul horizon. Et ne plus toucher terre.

Jean d'O est de retour à Neuilly, doré, remplumé, pantalon blanc, pull et mocassins framboise. « Excusez ma tenue, salue-t-il en dévalant l'escalier de l'entrée quatre à quatre. On dirait un tennisman ! » Retrouvailles joyeuses, il me montre la pile de livres qu'on lui a dédicacés pour la rentrée littéraire, auxquels il ne touchera pas, et les « quatre cents » lettres reçues cet été durant son absence. « Abominable, je vous en ai mis de côté. » Pause : « Tiens, j'ai oublié de vous dire… On m'a trouvé un petit quelque chose au poumon. » Toujours ce don de minimiser, surtout pas le mot métastase, confiance aveugle en les médecins de Georges-Pompidou, en ce « formidable robot, le Cyber knife », un appareil de radiothérapie dont il me parle avec une foi de sorcier.

Je finis par le croire ; il a sans doute raison, « rien de grave », comme toujours, il remontera la pente. Nous nous asseyons au salon. Jus de carottes à brasser le programme de septembre : rendez-vous chez le notaire – « assommant » –, invitations de toutes part, Léa Salamé, pour débattre dans son émission politique avec le Premier ministre, Yann Barthès qui veut lui remettre le prix de l'élégance sur le plateau de *Quotidien*, l'émission préférée des ados. « L'élégance serait de ne pas y aller », a-t-il remercié. Malcy n'y croyait pas, elle qui plaide depuis tant d'années pour freiner les apparitions médiatiques. « On vous voit trop, répète-t-elle, toujours délicate et tendre. Cela finit par desservir votre œuvre, on oublie vos livres. » Pour une fois, Jean a tout décliné, afin de se réserver pour la promotion de son prochain ouvrage. Il en est fier, ajoute quelques gouttes de Worcester dans son verre : « Et vous, l'écrirez-vous, un jour votre livre ? » C'est la première fois qu'il m'en reparle, ses yeux plantés dans les miens. Le bleu est vif, presque aveuglant : « Vous savez, il ne faut pas trop attendre... » Je lui réponds vouloir prendre mon temps, il nous reste des sujets à aborder, et puis Françoise comme Malcy ne m'ont toujours pas parlé de lui. Il acquiesce à moitié, croque une amande, s'approche tout près de mon visage : « Sachez que je serai très déçu si vous ne le faites pas ! » Je lui promets d'aller au bout, nous passons à table.

Cet automne 2017, il m'appelle chaque semaine, parfois plusieurs fois, le matin de son bureau, puis de Pompidou où une « petite intervention » le retient ; tout va bien, personnel adorable, cuisine moyenne mais Olivier lui apporte des langoustines décortiquées, de délicieuses compotes. Voix en chute libre, un dimanche, mi-novembre. De son lit d'hôpital, il m'annonce la mort de Pascaline, la sœur de

Françoise, décédée brutalement chez elle. « Je suis ravagé », dit-il, gorge serrée. La conversation dure, il s'épanche, je ne l'ai jamais entendu comme ça.

Cette disparition le hante encore, lors de notre dernière rencontre à Neuilly, le 30 novembre. Jeudi glacial, la neige drue derrière les rideaux moirés ; Jean allume les lumières et me tend le discours qu'il a lu à l'enterrement de Pascaline : « Tenez, gardez-le comme un souvenir. » Le prêtre qui a célébré la messe, le père Matthieu Rougé, lui a plu par sa culture et son humanité ; il lui a parlé de Dieu, de l'espérance. Sourire perdu dans le col roulé : « Allez, changeons de sujet, je vais finir par vous plomber. » Il veut préciser certaines choses, retour à l'affaire Charete, aux années *Figaro*, avant de m'annoncer la sortie imminente de son livre, et ce titre enfin arrêté, celui d'Aragon, *Et moi je vis toujours* : « Les journalistes vont adorer… » Deux heures ont passé, le ciel est noir, Françoise risque de s'impatienter, Jean d'O se lève. Promesse d'aller déguster bientôt des travers de porc au caramel, le seul plat qu'Olivier ne sait pas faire, il en rêve. « En attendant, dîner samedi avec Alain Minc, ça m'épuise d'avance, ajoute-t-il. Et la semaine prochaine, déjeuner avec Sarkozy. » Je lui demande pourquoi se mettre tant de mondanités sur le dos. « Il le faut », chuchote-t-il en m'embrassant. Et ses mains frêles, derrière les carreaux, disent « au revoir ». Dehors, je frissonne. L'avenue du Parc-Saint-James est couverte de blanc, comme un linceul.

La fin approche, je le sens, Jean le sait. Sur le chemin du retour, à l'arrêt du 43, ses mots tournent dans les flocons : « Je n'ai pas peur de la mort », m'a-t-il confié à plusieurs reprises. Il avait l'air sincère, ajoutant en riant, comme il l'a dit à la télévision, qu'« un bon écrivain devait réussir sa sortie, surtout pas disparaître le même jour qu'un chanteur, comme ce pauvre Cocteau éclipsé par le décès de Piaf ». À sa manière, tout en douceur, et en contrôle, il se prépare. « Surtout, pas de Monsieur le Comte d'Ormesson sur mon faire-part », a-t-il soufflé à son épouse, au moment du décès de Pascaline. Désormais, il appartient au peuple : « À mon enterrement, il y aura beaucoup, beaucoup de monde… »

Premiers jours de décembre, comme pour se réchauffer, il appelle un à un tous ses amis, Jean-Marie Rouart, Marc Fumaroli, Hélène Carrère d'Encausse, avec qui il a évoqué, deux semaines plus tôt, l'idée de faire entrer Michel Houellebecq à l'Académie. « Jacques, je voulais savoir : comment vas-tu ? demande-t-il à Julliard qui s'inquiète de son intonation étrangement grave. Moi pas bien, tu sais, mais vous viendrez bientôt avec ta femme dîner à la maison. » Jean d'O se remet à l'écriture. Il a promis à sa fille un petit essai dans la veine du *Guide des égarés*, qu'il veut titrer *Un Hosanna sans fin*. Gloire à la vie, au divin… ultime hommage, sans doute, à l'Éternelle, Malcy Ozannat.

3 décembre, comme tous les dimanches, Héloïse vient déjeuner avec son père : « Il est très gai, pétillant, se souvient-elle. On parle de tout, du monde littéraire, de la mesquinerie des uns et des autres et puis la fatigue le prend. Il est crevé, je l'aide à monter dans

sa chambre pour récupérer son manuscrit, puis il se met à travailler dans le bureau. » Le cœur serré, elle observe son père s'assoupir sur les feuillets. Il vient d'achever la dernière page, qu'elle découvrira deux jours plus tard et fera lire par François Busnel sur le plateau de *La Grande Librairie*. « Tout passe. Tout finit. Tout disparaît, a griffonné au crayon l'écrivain. Et moi qui m'imaginais devoir vivre pour toujours, qu'est-ce que je deviens ? Il n'est pas impossible... Mais que je sois passé sur et dans ce monde où vous avez vécu est une vérité et une beauté pour toujours et la mort elle-même ne peut rien sur moi. » Il dort, recroquevillé sur son vieux sofa. La nuit est agitée, la voix pâle quand le lendemain, comme chaque matin, Olivier demande : « Comment va Monsieur ? » Le bol d'Ovomaltine et les tartines ne le font plus bondir de son lit. Le médecin vient à midi, tension normale, pas d'inquiétude à avoir. « Il se trompe, murmure Jean d'O. Je vais mourir. » Le risotto aux truffes lui redonne un peu d'appétit. Il remercie son cuisinier, presque ému aux larmes : « Vous avez vu...,

j'ai tout mangé. Grâce à vous, je vais bien. »
Sieste, longue visite de Malcy. À la tombée du
soir, Olivier enfourche son scooter. Françoise
le rappelle en pleine nuit. Jean est tombé dans
ses bras, cœur à bout de souffle, les pompiers
tentent de le ranimer. En vain. L'épouse,
tremblante, commande de le vêtir d'une de
ses chemises bleues.

Jean d'Ormesson a succombé comme il
l'avait imaginé dans *La Douane de mer*, simplement il n'est pas à Venise mais dans sa
chambre. « La vie est injuste. La mort aussi.
Tout s'est passé assez vite, avait-il écrit en
1994. Le cœur a lâché, j'aurais pu me blesser.
Pas du tout, je suis tombé d'un seul coup, sans
la moindre égratignure […]. Je ne bougeais
pas. Je ne disais rien. Je n'ai jamais dit grand-
chose. Je ne disais plus rien du tout. Elle baisait mes lèvres sans vie qui ne répondaient
plus et elle pleurait en silence. Moi, je n'étais
plus nulle part – ou peut-être déjà partout. »
Ce mardi 5 décembre, la France pleure son
roi soleil.

France Inter martèle la nouvelle à l'heure
où mes enfants s'éveillent pour partir à l'école.

Sidération. Ils sèchent mes larmes. Jean d'O aussi fait partie de leur vie, à force de tomber sur ses livres à la maison, de m'entendre parler de lui, répondre à ses appels le dimanche puis filer certains après-midi à Neuilly. Comme autrefois. Toutes les ondes en deuil, éditions spéciales et pluie d'hommages. *The New York Times* consacre une demi-page à « l'Immortel » des lettres françaises, élevé dans un château du XVe siècle ; *The Washington Post* loue le « showman » qui jouait avec Jamel Debbouze sur les plateaux de télé et qualifiait le mariage de « *nightmare* ». À l'Élysée, Emmanuel Macron s'incline devant « le meilleur de l'esprit français », tandis que Nicolas Sarkozy rend un vibrant hommage à l'aristocrate ayant « régné presque sans partage sur la république des Lettres autant que sur le cœur de ses lecteurs ». Mélenchon tweete et le Parti communiste français se fend d'un communiqué pour « le grand écrivain, le redoutable polémiste ». À la radio, Luchini salue l'artiste qui « a réussi sa mort, comme disait Nietzsche », et Julie Andrieu, invitée le soir à la télé, rappelle sa magie, son appétit de vie :

quelques jours plus tôt, au téléphone, sa voix vibrait encore, gourmande, il voulait l'emmener déguster des travers de porc au caramel... Jean d'O, farceur devant l'Éternel.

Je l'imagine s'amuser de la mort de Johnny qui, au lendemain de la sienne, lui vole la vedette. Je le vois sourire aux journalistes qui commentent en boucle le départ de « ces deux monuments de la culture française ». Ça l'aurait enchanté, lui qui prenait son parti de tout. Au moins, sa famille a la paix, les caméras quittent l'avenue du Parc-Saint-James pour filer vers la demeure des Hallyday, restent ses fans à lui, bien élevés, qui déposent des fleurs et prient en silence devant les grilles d'acier.

L'Immortel reste entouré, Françoise y veille. Tous viennent à son chevet, la famille, les académiciens, les amis, Sarkozy, même les femmes aimées qu'elle a pris soin d'appeler une à une. « Vous étiez tellement importante pour Jean... » Il repose au premier étage, étendu sur son lit, visage en paix, auréolé de sa Légion d'honneur, fil rouge sur la flanelle grise, entouré de tous ses livres, les classiques reliés de Saint-Fargeau, Chateaubriand, Aragon, Toulet et *Les Pieds Nickelés*, en évidence. En bas, au salon, ses mots, ses expressions, son humour, déjà ressuscitent dans la bouche des vivants, au milieu des roses blanches et des tasses de thé servies par Olivier en larmes. La tristesse est presque joyeuse. Françoise, digne en cashmere noir, orchestre les funérailles, avec l'aide d'Héloïse et Malcy. Tout sera parfait, comme toujours, comme Jean l'aurait souhaité.

Hommage national aux Invalides ce vendredi 8 décembre 2017 à 10 h 30. La foule s'agglutine devant le cordon de sécurité mis en place à l'entrée, il faut figurer sur les listes pour pouvoir assister à l'office. Déception, pleurs pour certains ; les autres fendent la bruine glacée. Soudain, comme un signe céleste, un rayon de soleil, la cathédrale Saint-Louis s'illumine, les visages s'éclairent. Toute la droite est là, Alain Juppé, François Fillon, Michèle Alliot-Marie, Valérie Pécresse,

LE DERNIER ROI SOLEIL

Bruno Le Maire, bien évidemment Nicolas et Carla Sarkozy, ignorant superbement leur voisin, François Hollande. Le maire de Paris, Anne Hidalgo, le ministre de la Culture, Françoise Nyssen, des bataillons d'académiciens, quelques journalistes, Anne Sinclair, Laurent Delahousse, discret au bras de sa compagne, Alice Taglioni, et les plumes de *Elle*, placées à mes côtés, juste derrière la famille, et Malcy.

À l'orgue, Olivier d'Ormesson, l'arrière-petit-fils de Wladimir, l'un des rares ayant pardonné l'affaire Charete et noué des liens avec Jean. Le père Matthieu Rougé, qui a célébré les obsèques de Pascaline, s'avance : « Ce matin, il y a des sanglots dans nos voix et dans nos cœurs, comme dans le cœur de tant de Français pour qui, grâce au duc de Plessis-Vaudreuil et au vieux château de Saint-Fargeau, grâce à *Apostrophes* et à la télévision, grâce au Chant d'espérance qui retentit par chacune de ses œuvres, Jean d'Ormesson était devenu comme un père, un frère, un ami. » Belle cérémonie, simple, silence recueilli. Le comédien Alain Pochet lit la lettre de saint

LE DERNIER ROI SOLEIL

Paul aux Colossiens, Jean-Marie Rouart rend hommage à son ami, l'enchanteur de Fornali « qui ne laissait rien paraître. Jean était ainsi : à la société, il donnait son sourire ; ses peines et ses souffrances, il les gardait pour lui... Et aujourd'hui, que nous dirait-il ? Je crois l'entendre. Il nous réconforterait. Voyons, soyons sérieux, quelqu'un qui meurt, est-ce que cela signifie quelque chose ? C'est d'une terrible banalité. Ce n'est rien. Une bulle de savon, un ciron, une pelure d'orange au regard des étoiles, de l'infini, du big bang... »

Couvert du drapeau tricolore, le cercueil s'élève, porté par la Garde républicaine. Il traverse la cour enfin ouverte au public, se pose sur les pavés, seul dans l'immensité des Invalides, face à la foule, les photographes, les caméras qui filment la cérémonie en direct. Le Président s'incline : « Si claire est l'eau de ces bassins qu'il faut se pencher longtemps au-dessus pour en comprendre la profondeur... Ces mots sont ceux qu'André Gide écrit dans son *Journal* à propos de La Bruyère. Ils conviennent particulièrement à Jean d'Ormesson [...]. Il n'était pas un lieu, pas une discussion, pas une circonstance que sa présence n'illuminât. Il semblait fait pour donner aux mélancoliques le goût de vivre et aux pessimistes celui de l'avenir… » Longue déclaration d'amour, lyrique, subtile, poignante, truffée de références littéraires aux plus grands, Chateaubriand, Proust, Saint Augustin, et débarrassée de toute allusion politique. Pas un mot sur le combattant du *Figaro*, la lutte contre « les socialo-communistes », les entrechats mitterrandiens, les emballements sarkozystes. Rien, seule « la grâce lumineuse, contagieuse », la légèreté profonde, et « l'œuvre », ces « demi-teintes, ce *sfumato* subtil qui vont à présent colorer la surface claire », monument de la littérature française.

Dans les premiers rangs, non loin de Brigitte Macron, un homme sourit intérieurement. C'est lui qui a écrit le discours, avec la plume de l'Élysée, Sylvain Fort, et le Président, qu'il connaît bien pour avoir posé les statuts d'En marche. Me François Sureau, l'ancien fils spirituel, l'ami perdu pour l'amour d'Ayyam, le brillant rival à qui Jean n'a jamais vraiment pardonné... ressurgit ainsi dans sa vie, pour le finale. Ultime ironie, ô combien d'ormessonienne. « Les discours, c'est comme les enfants illégitimes, on ne les avoue pas », me confiera Sureau des mois plus tard, avant de préciser : « L'avant-veille de l'enterrement, Macron m'appelle à 2 h 30 du matin, il m'interroge sur Jean, me fait parler de lui. Il voulait peaufiner, comprendre le personnage, ses relations avec Caillois, Nourissier, Yourcenar... » L'avocat connaît l'œuvre et la vie du romancier par cœur, Jean d'O lui a même soufflé dans *Garçon de quoi écrire* qu'il aimerait sur son cercueil un crayon à papier, « les mêmes que dans notre enfance. Ni épée, ni Légion d'honneur, un simple crayon à papier ». Le chef de l'État trouve l'idée « géniale ». Sylvain Fort va acheter un crayon de bois, boulevard Saint-Germain, chez Gibert. Nouveau SMS présidentiel, la veille des obsèques, au cœur de la nuit : « Tu as pensé au scotch, pour que ça tienne ? »

Un petit morceau a été collé discrètement sur le cercueil. À la fin de son discours, le Président sort le crayon de son pardessus :

« Monsieur, puis-je, au nom de tous, vous rester fidèle en déposant sur votre cercueil ce que vous allez et ce que vous aviez voulu y voir, un crayon, un simple crayon, le crayon des enchantements, qu'il soit aujourd'hui celui de notre immense gratitude et celui du souvenir. » Le concerto pour piano numéro 21 de Mozart s'élève dans le vent glacé. Émotion dans la foule, Ayyam Sureau, couverte d'un châle noir, regarde vers le ciel, Marc Fumaroli chancelle sur l'épaule d'Hélène Carrère d'Encausse, Olivier, blême, étreint son épouse. Des larmes partout, gens du monde et de la France profonde, des vieux, des jeunes, une jolie fille blonde agrippée à sa mère. C'est la petite groupie du Salon du livre, l'étudiante qui, sur ses copies à carreaux, n'a jamais cessé d'écrire à Jean d'O. Elle sanglote dans le froid soleil, une rose à la main. Un lycéen demande : « Comment va-t-on faire sans lui ? »

Françoise continue, comme s'il vivait encore. Ses deux livres sortiront, ainsi qu'une nouvelle Pléiade, elle inaugurera des écoles à son nom et les déjeuners reprendront ; Malcy viendra en Suisse à Noël, Rouart et Fumaroli présideront, à ses côtés, sous l'égide d'Héloïse, un prix « Jean d'Ormesson ». Après la messe aux Invalides, elle organise un cocktail à Neuilly, pour les amis, le Tout-Paris littéraire. Elle m'y convie gentiment. Je l'observe, attendrie, recevoir les condoléances, réprimer son chagrin, remercier chacun, puis serrer dans ses bras raides Malcy et Ayyam. « Puisse tout cela faire un astre dans les cieux », m'avait dit Jean un dimanche, citant ce vers d'Hugo, après avoir évoqué sa vie tourmentée. Il est exaucé, l'alchimiste. J'espère qu'il l'observe, devant la Douane de mer, dans ces eaux vénitiennes où son âme désormais repose.

Merci à Francoise, Héloïse et Marie-Sarah d'Ormesson qui m'ont si gentiment accueillie dans leur famille.

Merci à Malcy Ozannat pour sa confiance.

Merci à Olivier Cadot que Jean aimait tant.

Merci à Sophie de Closets pour son énergie stimulante, et à Christophe Bataille pour sa douce exigence.

Merci à ma mère, qui m'a donné le goût des mots et du silence.

Merci aux Le Sann de m'avoir prêté leur rocher magique.

Composition réalisée par Belle Page

Impression réalisée par
CPI BRODARD ET TAUPIN La Flèche
pour le compte des Éditions Fayard
en novembre 2018

Imprimé en France
N° d'impression : 3030005
56-9284-8/01